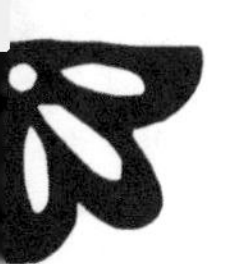

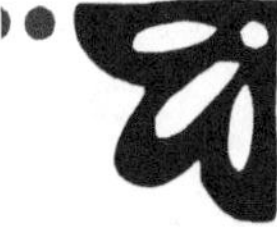

Welkom!

Welkom bij Het Letterwerkboek voor Absolute Beginners, toekomstige handletteraar! Je hebt vast veel vragen over de kunst van het handletteren. "Hoe begin ik?" "Welk gereedschap heb ik nodig?" "Wat is in vredesnaam een basislijn?" Geen zorgen! Dit boek is er om al je vragen te beantwoorden. In het boek vind je veel ruimte om te oefenen, evenals een link om extra oefenpagina's te downloaden.

Je vraagt je misschien af wat handletteren is. Daar is een eenvoudig antwoord op. Handletteren is, eenvoudig gezegd, de kunst van het tekenen van letters. Handletteren wordt gebruikt voor winkelborden tot feestuitnodigingen, van wenskaarten tot menukaarten. Het is een ongelooflijk veelzijdige vaardigheid en nog leuk ook!

Er zijn een paar varianten van deze kunst, en veel verschillende stijlen, waaronder kalligrafie, monoline, brushlettering - om er maar een paar te noemen! Een paar bladzijden verder gaan we in op de details van alle stijlen.

Handletteren kan intimiderend lijken met alle termen, technieken en stijlen die erbij komen kijken, maar met genoeg oefening kan iedereen deze kunst onder de knie krijgen. Of je natuurlijke handschrift nu uitstekend is of juist niet, je zult altijd iets meenemen uit dit boek en een nieuwe vaardigheid leren. Dit boek is er om jou op weg te helpen!

LATEN WE ONZE BELETTERINGSREIS BEGINNEN!

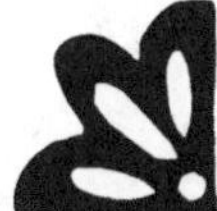

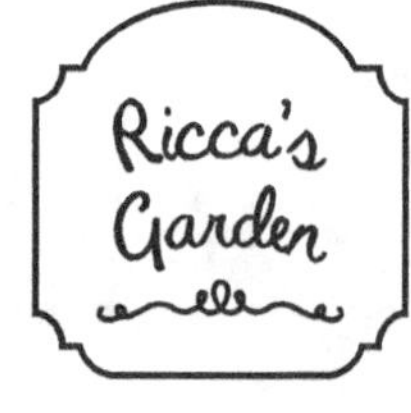

ricca_garden

info@riccagarden.com

Gepubliceerd & ontworpen in Brisbane, Australië

Eerste druk: Jan 2022

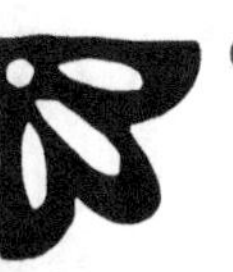
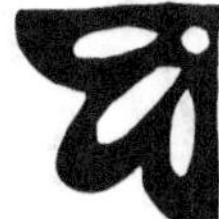

GRATIS EXTRA'S!

Heb je nog meer oefenpagina's nodig? Dan heb je geluk! Omdat je dit boek hebt gekocht, kun je een link krijgen om extra oefenpagina's, gelinieerd papier en meer extraatjes voor lettering ' op je handletterreis te downloaden! Scan gewoon de QR-code hieronder of typ riccagarden.com/lettering_workbook in je webbrowser. Geef vervolgens je e-mailadres op en je ontvangt een link voor extra oefenpagina's!

SCAN HIER

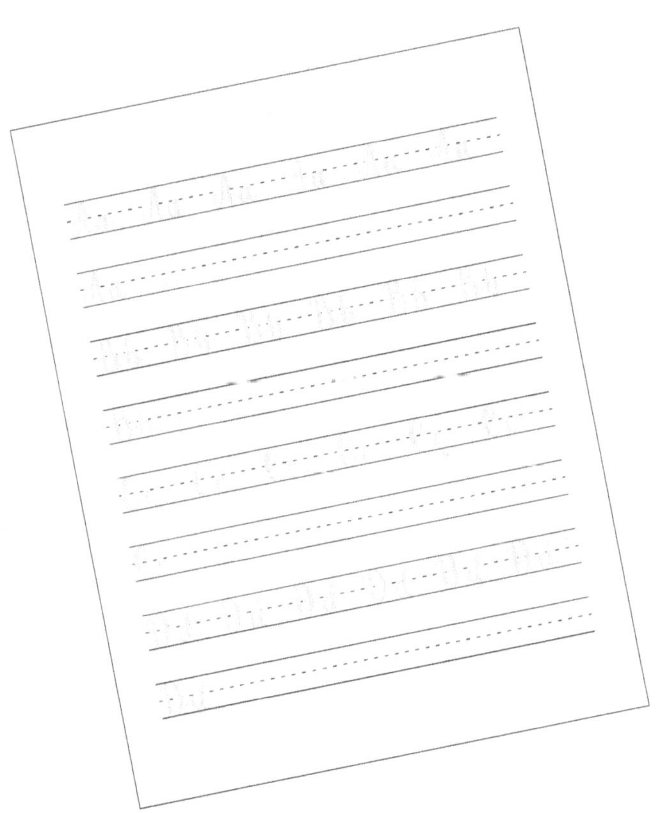

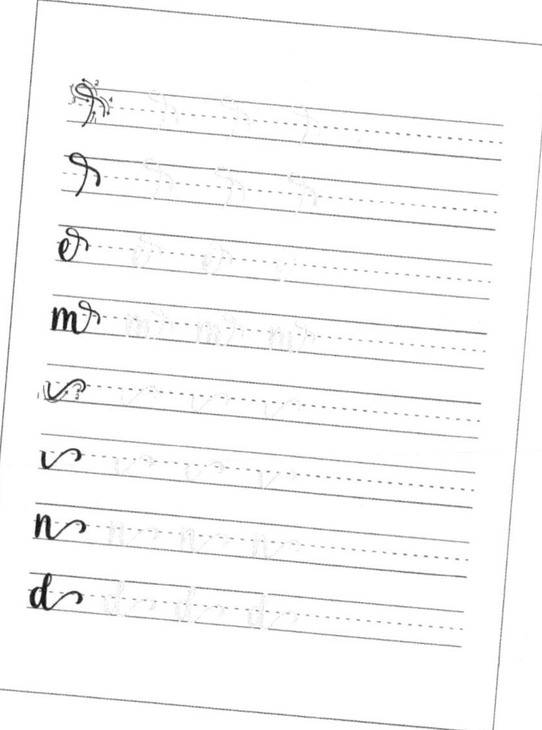

VEEL PLEZIER MET HANDLETTEREN!

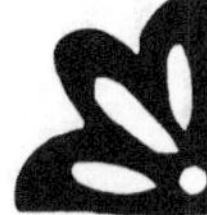

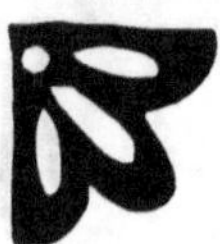

INHOUDSOPGAVE

Alles Wat Je Moet Weten om te Beginnen......................5

Verschillen tussen handletteren en kalligrafie......................6

Inleiding tot Technieken en Stijlen......................7

Terminologie......................8

Materiaal......................9

Positie en houding......................11

Belangrijke tips om in je achterhoofd te houden......................12

Monoline......................13

Faux kalligrafie......................29

Penseelletteren......................46

De 8 basislijnen......................47

Het alfabet......................52

Letters verbinden......................67

Flourishes......................74

Sans Serif......................79

Serif......................87

Compositie......................103

Twaalf dagen handletter uitdaging......................110

Bonus: Extra oefencitaten......................127

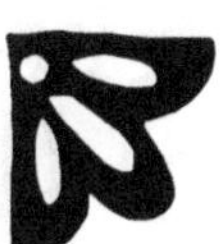
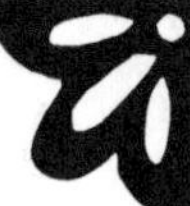

Alles Wat Je Moet Weten om te Beginnen

Voordat we meteen met de leuke dingen beginnen waar je voor komt, moeten we eerst een paar dingen ophelderen. Weet je nog die vragen die je hebt? Nu is een goed moment om die te stellen. Bereid je voor; er is veel te bespreken! Maar laat je niet overweldigen. Je kunt altijd terugbladeren naar deze pagina's als je een vraag hebt.

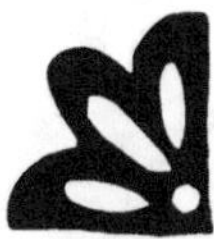

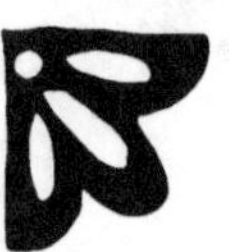
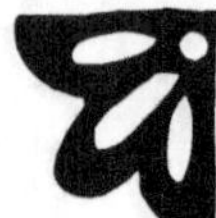

Verschillen tussen handletteren en kalligrafie

Als je net begint, vraag je je misschien af of er eigenlijk wel een verschil is tussen handletteren en kalligrafie. Meestal worden deze termen door elkaar gebruikt terwijl ze eigenlijk niet uitwisselbaar zijn; er is wel degelijk een verschil!

Handletteren

Handletteren is een vorm van schrijven waarbij letters worden getekend in plaats van geschreven. Het is gemakkelijker te leren en te personaliseren, omdat je de stijl kunt aanpassen. Anders dan bij kalligrafie zijn de regels voor handletteren veel buigzamer, wat creatieve vrijheid biedt. Bij handletteren kunnen veel hulpmiddelen worden gebruikt.

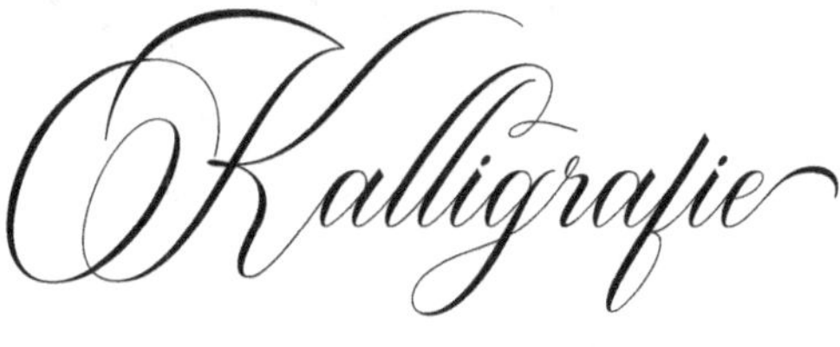

Kalligrafie

Aan de andere kant is kalligrafie juist de kunst van het schrijven. Traditionele kalligrafie is een klasse apart. Waar handletteren met elk medium, elke stijl of techniek kan worden gedaan, is traditionele kalligrafie veel specifieker. Er wordt uitsluitend gebruik gemaakt van een kroontjespen, met een metalen punt aan het uiteinde die in een houder met inkt, een inktpot, wordt gedompeld. De regels en richtlijnen zijn bij kalligrafie strenger en de letters zijn iets moeilijker te leren.

Voorbeelden van enkele traditionele kalligrafiestijlen zijn Copperplate, Spencerian, en Roman Capital. Traditionele kalligrafie wordt in dit boek niet behandeld, maar het is een prachtige kunst en een geweldige volgende stap als je de kunst van het handletteren onder de knie hebt.

Moderne Kalligrafie

Doordat de traditionele kalligrafie evolueerde, ontstond de moderne kalligrafie. Bij moderne kalligrafie zijn de regels minder strikt, zodat je geen specifieke lijnen hoeft te volgen om een letter te vormen. De kleuren zijn meestal levendiger, en de stijl kan beter worden aangepast aan de individuele smaak van de kunstenaar. Ondanks de naam is penseelletteren in feite een vorm van moderne kalligrafie, omdat het geschreven wordt in plaats van getekend.

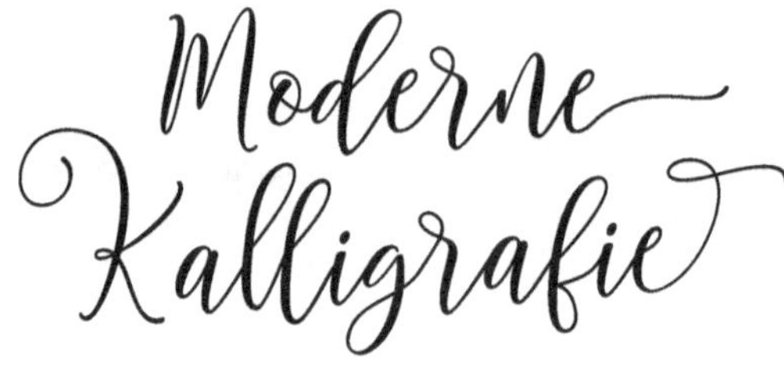

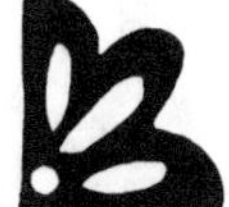

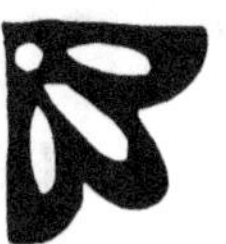
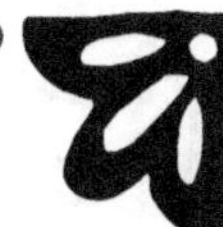

Inleiding tot Technieken en Stijlen

Er zijn vele technieken en stijlen als het om handletteren gaat. Het mooie van deze vorm van kunst is dat de mogelijkheden oneindig zijn! Je kunt gebruiken wat je wilt en hoe je dat wilt - maar er zijn enkele basisprincipes waarmee je gemakkelijk kunt beginnen en waarop je eenvoudig kunt voortbouwen. Dit is slechts een eerste overzicht; alle genoemde technieken en stijlen worden later in het boek in detail behandeld!

Monoline

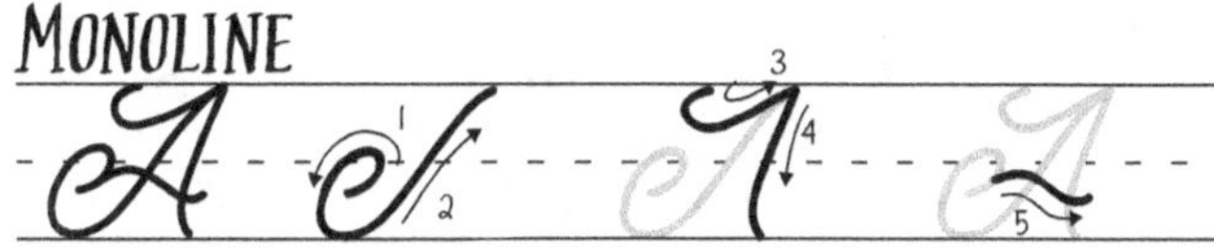

Monoline is helemaal consistent; alle lijnen hebben hetzelfde gewicht of dezelfde dikte. Het vereist niet veel hulpmiddelen. Het wordt meestal gebruikt als er veel andere artistieke elementen bij komen kijken, of als de letteraar iets minimalistisch zoekt.

Brushlettering

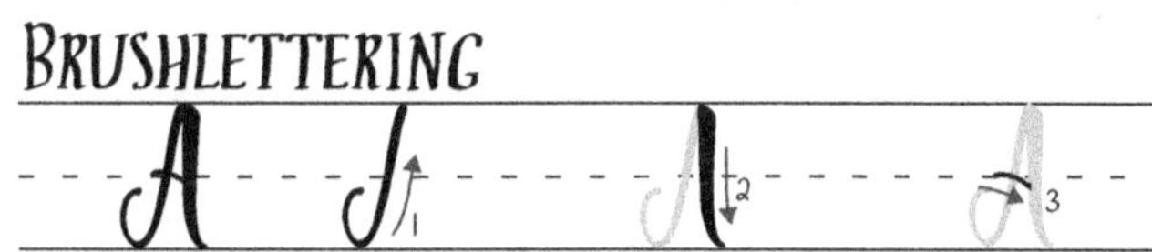

Brushlettering of penseeltekenen is één van de moeilijkere technieken, maar het is absoluut de moeite waard. Brushlettering gebruikt specifiek tekenmateriaal, de penseelpen. De pen is flexibel en buigt, dus hoe minder druk je erop zet, hoe dunner de lijn. Omgekeerd geeft meer druk een dikkere lijn.

Faux kalligrafie

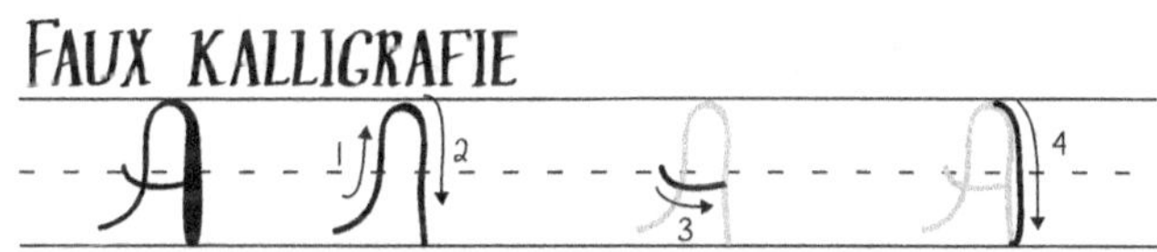

Faux kalligrafie bouwt voort op zowel monoline als penseelletteren. Faux kalligrafie bootst in wezen het uiterlijk van penseelleteren na door in een monoline stijl te schrijven en terug te gaan over de lijn omlaag van de letters om de lijnen meer gewicht te geven. Faux kalligrafie lijkt op brushlettering, maar de techniek is veel gemakkelijker onder de knie te krijgen.

Serif

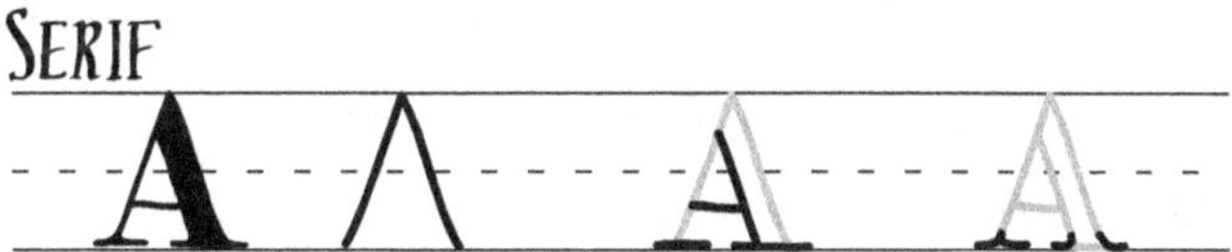

Serif is een letterstijl die een beetje flair toevoegt aan het geheel! Om de serifstijl toe te passen, voeg je wat decoratieve lijnen toe die uit de letter voortkomen. Het geeft wat variatie en is zeer open voor creatieve interpretatie.

Sans Serif

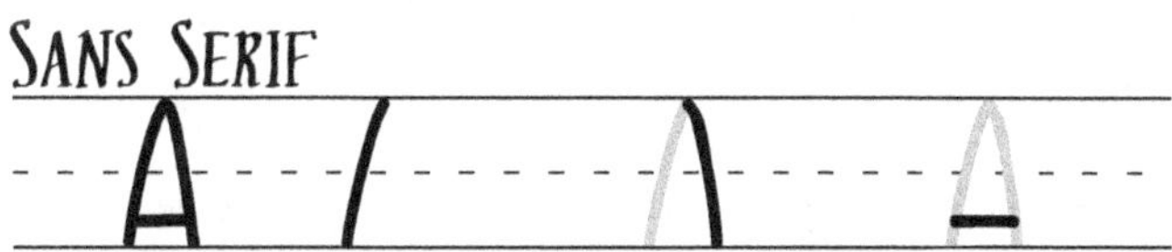

Het woord "sans" is een Frans woord dat "zonder" betekent. Ja, je raadt het al - in vergelijking met serif is sans serif een letterstijl zonder extra elementen aan het einde van de lijn. Het wordt meestal uitgevoerd in een eenvoudige en donkere stijl, met een jeugdige en moderne uitstraling.

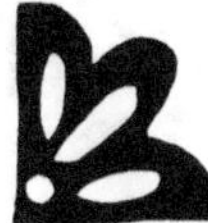
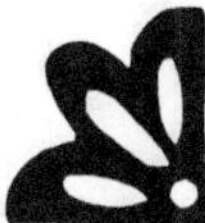

Terminologie

Alle terminologie kan ongelooflijk verwarrend lijken als je niet weet waar je het over hebt, maar gelukkig is daar dit boek voor! Bewaar hier een bladwijzer, zodat je snel naar dit gedeelte kunt terugbladeren als dat nodig is.

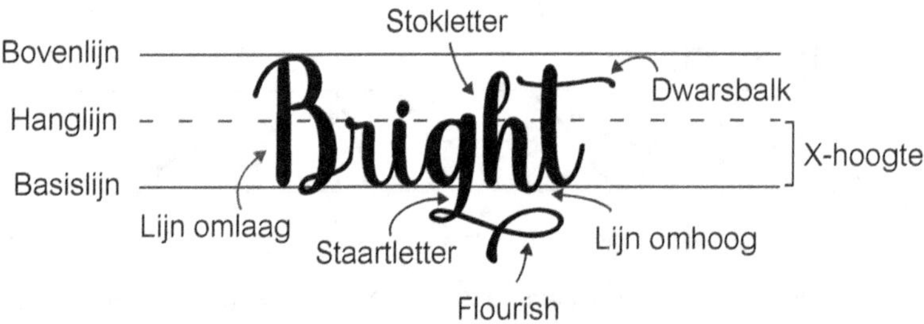

Bij het handletteren zijn er een paar basislijnen die een rol spelen. Ze helpen om je letters consistent en op de juiste plaats te houden. Denk aan de lijnen die je gebruikte toen je cursief leerde schrijven op school – die zijn vergelijkbaar met deze.

BASISLIJN: Dit is de lijn waar al je letters op rusten. Deze lijn houdt ze allemaal op hun plaats, zodat je geen woorden hebt die langzaam verder naar beneden kruipen op het papier.

HANGLIJN: Dit is uiteraard de middelste lijn. Dit is meestal waar de bovenkant van je kleine letters komt, dus kleine letters blijven tussen de basislijn en de hanglijn.

X-HOOGTE: Dit is de hoogte van de kleine letter x. Het wordt gebruikt om te verwijzen naar de afstand tussen de basislijn en de hanglijn.

BOVENLIJN: De bovenlijn is de regel die de bovenkant van hoofdletters markeert.

Naast regeldefinities zijn er enkele termen die verwijzen naar specifieke delen van een letter of bepaalde pennenstreken.

STOKLETTER: Een stokletter is elk deel van een letter dat voorbij de hanglijn komt.

STAARTLETTER: Een staartletter is elk deel van een letter dat voorbij de basislijn komt.

LIJN OMLAAG: De lijn omlaag is een penbeweging. Telkens wanneer de pen een lijn omlaag maakt, spreekt men van een neerwaartse beweging. De lijn omlaag is bijna altijd dik, met uitzondering van de monoline schrijfstijl.

LIJN OMHOOG: Een andere penbeweging, een lijn omhoog, is in wezen het tegenovergestelde van een lijn omlaag. Een lijn omhoog is elke keer dat de pen in een opwaartse beweging schrijft. Lijnen omhoog zijn altijd dun.

DWARSBALK: De dwarsbalk is de horizontale streep die wordt gebruikt om letters te verbinden of aan te vullen. De kruisstreep van de t is een voorbeeld.

FLOURISH: Een flourish, oftewel versiering, is een zeer populaire lettertypeslag. Het is in wezen een algemene term voor het verfraaien of versieren van een letter. Alle extra pennenstreken en krullen die je in letters ziet, zijn een flourish. De krullen op de letter g zijn een voorbeeld van een flourish.

LETTERVORM: De lettervorm verwijst naar de basisvorm van een letter.

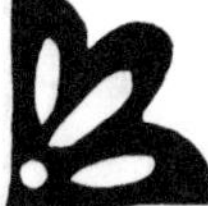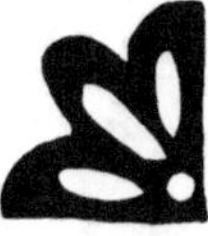

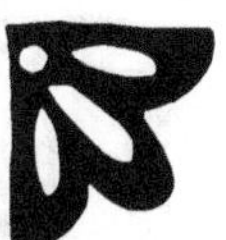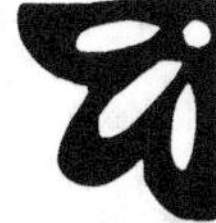

Materiaal

Er lijkt geen einde te komen aan het enorme aantal materialen die je kunt gebruiken om te handletteren. Je kunt vrijwel alles gebruiken, maar sommige hulpmiddelen werken beter dan andere. Je hebt niets moois of duurs nodig om het te leren; beginnen met een basispotlood, stiften en een vel papier is genoeg!

POTLODEN: Potloden zijn goede materialen om mee te schetsen en een mooie manier om lijnen toe te voegen om de letters te begeleiden. Ze zijn geweldig om ideeën neer te zetten voordat je ze definitief maakt. Potloden zijn geweldig voor beginners.

PENNEN: Er zijn veel verschillende soorten pennen, dus hun belangrijkste kwaliteit is hoe divers ze zijn. Pennen zijn zeer geschikt voor het schrijven van letters en vooral nuttig voor beginners. Micron pennen behoren tot de beste om mee te schrijven, evenals elk type gelpen.

MARKEERSTIFTEN: Markeerstiften zijn opnieuw onmisbaar voor bij het beletteren, ook weer vanwege hun diversiteit. Met gekleurde markers kun je een beletterd woord meteen een stuk mooier maken. Ze zijn het beste voor elke vorm van belettering en voor beginners. Crayola markers zijn goedkoop, van goede kwaliteit, en ze bieden geweldige lettermogelijkheden.

PENSEELSTIFTEN: Penseelstiften zijn specifiek geschikt voor penseelletteren vanwege hun flexibele structuur. De Tombow Fudenosuke brushstiften zijn een uitstekende optie.

WATERVERF: Er zijn verschillende vormen van aquarelverf te gebruiken, zoals een aquarelpalet of aquarelstiften. Ze werken goed voor grotere letterprojecten met dikkere lijnen of om decoraties en achtergronden toe te voegen.

KRIJTJES: Krijtjes worden meestal gebruikt bij het maken van borden voor een bedrijf of voor een speciale gelegenheid. Ze worden meestal gebruikt op krijtborden, hoewel experimenteren met krijt op papier een leuk project kan zijn!

KROONTJESPENNEN EN EEN INKTPOTLOOD: Deze gebruik je voor echte kalligrafie. Ze zijn wat geavanceerder en niet echt geschikt voor beginners. De pen heeft een metalen punt met capillairen die inkt aanzuigen als je hem in de inktpot doopt.

PAPIER: Het papier dat je gebruikt moet glad zijn, zodat jouw penseelpen niet beschadigt. Enkele goede opties zijn HP-premium 32 papier, de Rhodia pad, of de Canson XL-marker pad. Calqueerpapier is ook handig om bij de hand te hebben, om ontwerpen of letters over te trekken voor extra oefening of om ontwerpen over te zetten.

LINIAAL: Een liniaal is een geweldig hulpmiddel om alles consistent te maken! Gebruik hem om richtlijnen te tekenen met potlood en gum deze uit als de letters klaar zijn.

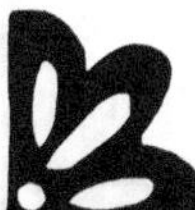

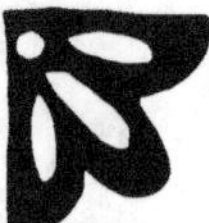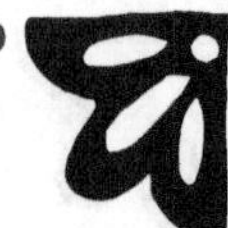

Referentietabel materiaal

Als je wilt weten welk materiaal het beste is voor een bepaalde stijl of vaardigheidsniveau, dan is de onderstaande tabel een handige gids!

Materiaal	Vaardig-heidsniveau	Wanneer te gebruiken	Hoeveelheid rommel	Tijd nodig om te leren
Potloden	Beginner	Te gebruiken bij het overtrekken, schetsen, eerste ontwerpen, kan ook gebruikt worden voor het oefenen van faux kalligrafie.	Minimale rommel, gemakkelijk om fouten te herstellen met een gum	Vereist weinig leertijd, gemakkelijk op te pakken
Pennen	Beginner	Gebruikt voor mono-line letters en faux kalligrafie	Minimaal, maar het kan rommelig worden als je een pen hebt die inkt ophoopt rond de schrijfpunt. Voorkom vlekken door te kiezen voor sneldrogende inkt.	Vereist weinig leertijd, gemakkelijk op te pakken
Markeer-stiften	Beginner tot gemiddelde ervaring	Gebruikt voor mono-line letters, faux kalligrafie, decoratieve toevoegingen	Het kan behoorlijk rommelig zijn, vooral als je markeerstiften op alcoholbasis gebruikt, zoals Sharpies en Copic Markers. Het zijn geweldige hulpmiddelen, maar ze hebben de neiging door de pagina heen te lekken.	Vereist weinig tot matige leertijd, afhankelijk van de stijl die je wilt bereiken. Je moet jouw markers zorgvuldig kiezen als je kleine strakke lijnen wilt.
Penseel-stiften	Gemiddeld tot veel ervaring	Gebruikt voor penseelletteren	Net en accuraat, maar fouten kunnen niet gemakkelijk worden hersteld	Het beheersen van het lijngewicht vergt veel oefening.
Aquarellen	Moeilijk	Gebruikt voor alle stijlen, decoratieve toevoegingen	Erg rommelig, maar fouten kunnen worden afgedekt	Vereist veel leertijd, veel oefening
Krijt	Beginner tot gemiddelde ervaring	Te gebruiken voor monoline letters en faux kalligrafie, meestal bij het maken van borden.	Krijtresten en stof kunnen rommelig zijn, maar fouten kunnen gemakkelijk worden gewist met een vochtige handdoek of een wattenstaafje.	Vereist weinig tot een gemiddelde leertijd
Kroontjes-pennen	Moeilijk	Gebruikt voor kalligrafie	Losse inkt maakt dit gereedschap erg slordig, fouten kunnen niet afgedekt worden	Vereist veel leertijd, zeer moeilijk onder de knie te krijgen

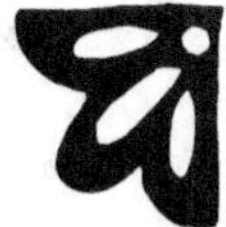

Positie en houding

Misschien denk je dat handletteren een goed tijdverdrijf is om voorovergebogen op de bank aan te werken. Als dat zo is, denk dan nog eens na! Jouw houding, jouw positie, de manier waarop je jouw pen vasthoudt, waar jouw arm op steunt - dit alles speelt een belangrijke rol bij jouw schrijfwerk.

Allereerst kun je het beste schrijven aan een bureau. Begin door rechtop op jouw stoel te zitten met beide voeten plat op de grond. Je wilt niet kaarsrecht en stijf zitten, maar je moet wel een goede houding aannemen. Houd je schouders naar achteren en je hoofd omhoog. Een goede vuistregel is om te buigen zonder te bukken.

Nu de juiste greep: houd je pen tussen je duim en wijsvinger en laat hem rusten op je middelvinger. Zorg ervoor dat je de pen in een hoek van 45 graden houdt ten opzichte van de pagina. Je moet je greep vrij los houden. Vergeet niet dat je vingers alleen het letterinstrument ondersteunen en stabiel houden; je arm doet het meeste werk. Onthoud dat grepen per gebruiksmateriaal en per persoon verschillend kunnen werken, dus je moet misschien wat aanpassingen doen - maar dit is een goed uitgangspunt.

Belangrijke tips om in je achterhoofd te houden

1. Doe rustig aan!

Het is belangrijk de tijd te nemen als je schrijft. Langzaam handletteren is cruciaal om zuivere en consistente lijnen te maken. Ga op een comfortabele manier zitten en wees geduldig.

2. Pak je pen op

Iets om te onthouden bij het handletteren is dat de pen niet helemaal door het woord stroomt, zoals bij cursief schrijven. Na elke beweging, of het nu een opgaande of neergaande beweging is, moet je de pen oppakken. Zo ziet elke lijn er zo goed mogelijk uit, waardoor het hele woord er beter uitziet.

3. Spatiëring

Regelafstanden zijn echt belangrijk bij belettering. De ruimte tussen elke letter moet consistent zijn, zodat alles er schoon en netjes uitziet. Je kunt een liniaal gebruiken om richtlijnen te maken en ervoor te zorgen dat de letters uniform zijn. Als je wat vaardigheden hebt opgebouwd, kun je ook met de spatiëring experimenteren!

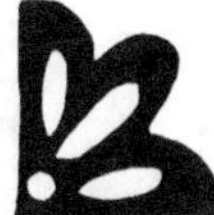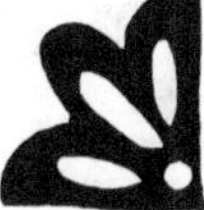

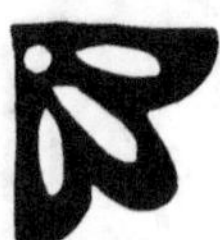
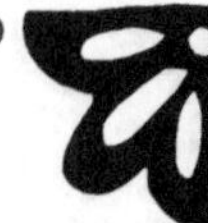

4. Linkshandig schrijven

Er zijn een paar manieren om linkshandig schrijven gemakkelijker te maken. Zoek eerst een greep die voor je werkt. Experimenteer met verschillende manieren om je gereedschap vast te houden tot je er één vindt die comfortabel en functioneel is. Een andere tip is om overtrekpapier onder je hand te leggen terwijl je schrijft, om zo vlekken te voorkomen. Je kunt ook de tijd nemen om de inkt te laten drogen tussen de letters door. Sommige pennen en markeerstiften drogen sneller dan andere, dus experimenteer met verschillende hulpmiddelen om te vinden wat het beste werkt. Een laatste tip: experimenteer met het plaatsen van je papier! Er is geen enkele regel die zegt dat je moet schrijven met het papier op een bepaalde vaste plaats. Het kan in dit geval zeker makkelijker voor je zijn om je papier te draaien, dus ga ervoor!

5. Je eigen stijl ontwikkelen

De meeste mensen hebben hun eigen schrijfstijl, met vele variaties. De beste manier om je eigen stijl te ontwikkelen is om eerst de basis onder de knie te krijgen. Zorg ervoor dat je consequent in de basisstijl kunt schrijven voordat je verder gaat en experimenteer dan! Je kunt proberen je eigen handtekening toe te voegen, je letters anders schuin te zetten, een letter op een nieuwe manier te schrijven, nieuw gereedschap te gebruiken voor unieke lijndiktes - de mogelijkheden zijn eindeloos! Blijf gewoon nieuwe dingen proberen totdat je iets vindt dat je echt leuk vindt en begin dat dan ook te doen, elke keer dat je schrijft. Al snel heb je je eigen kenmerkende stijl.

6. Geduld en doorzettingsvermogen

Wees lief voor jezelf! Handletteren leren kost tijd en oefening. Raak niet ontmoedigd omdat het er niet perfect uitziet bij de eerste poging - of de tweede of de tiende. Een goede manier om niet gefrustreerd te raken is door al je oefenbladen te bewaren. Als je al een tijdje bezig bent, haal dan de oefenbladen tevoorschijn die je de eerste keer hebt gebruikt. Vergelijken waar je begon met waar je nu bent is echt nuttig en bemoedigend. Het belangrijkste is dat je niet opgeeft!

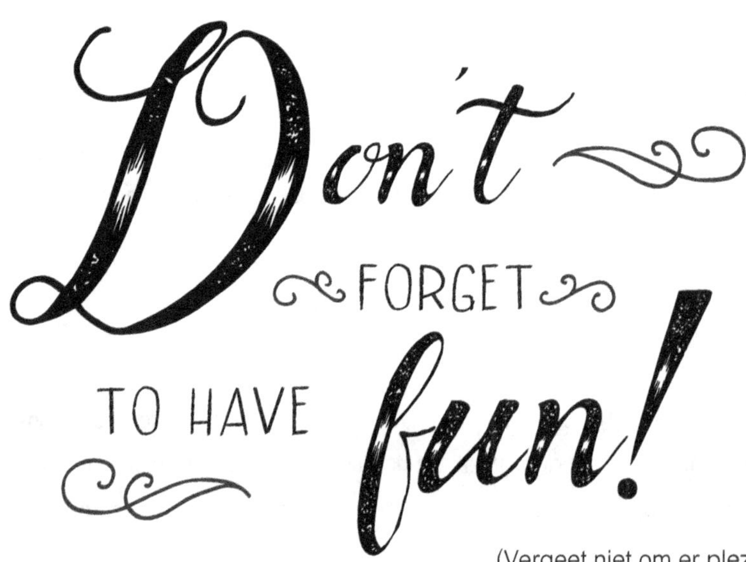

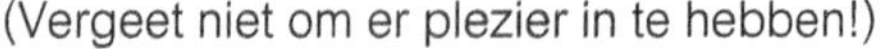

(Vergeet niet om er plezier in te hebben!)

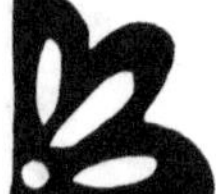

Monoline

Monoline is één van de eenvoudigste letterstijlen. Het wordt getekend in een consistente lijn zonder variatie in gewicht. Het wordt vaak gebruikt op borden, logo's en andere reclame-uitingen. Omdat de lijnen zo eenvoudig zijn, worden vaak andere versieringen gebruikt om interessante details toe te voegen. Monoline-letters vormen ook een goede basis om alle andere letterstijlen te leren, dus zorg ervoor dat je deze stijl beheerst voordat je verder gaat!

De beste hulpmiddelen voor monoline letters is hard tekenmateriaal waarmee je een consistente lijn kunt trekken. Pennen, potloden en harde stiften zijn de ideale keuzes.

Aa Bb Cc Dd Ee Ff
Gg Hh Ii Jj Kk Ll
Mm Nn Oo Pp Qq Rr
Ss Tt Uu Vv Ww Xx
Yy Zz

Om te beginnen met het leren van monoline, teken je gewoon over de oefenpagina's, waarbij je de richting van de pijlen volgt. Je kunt experimenteren met elk hard materiaal en je kunt elk lijngewicht uitproberen. Het belangrijkste is om een consistente lijn te krijgen. Pak na elke lijn je gereedschap op en begin de nieuwe lijn waar de vorige eindigde - en het belangrijkste: neem je tijd!

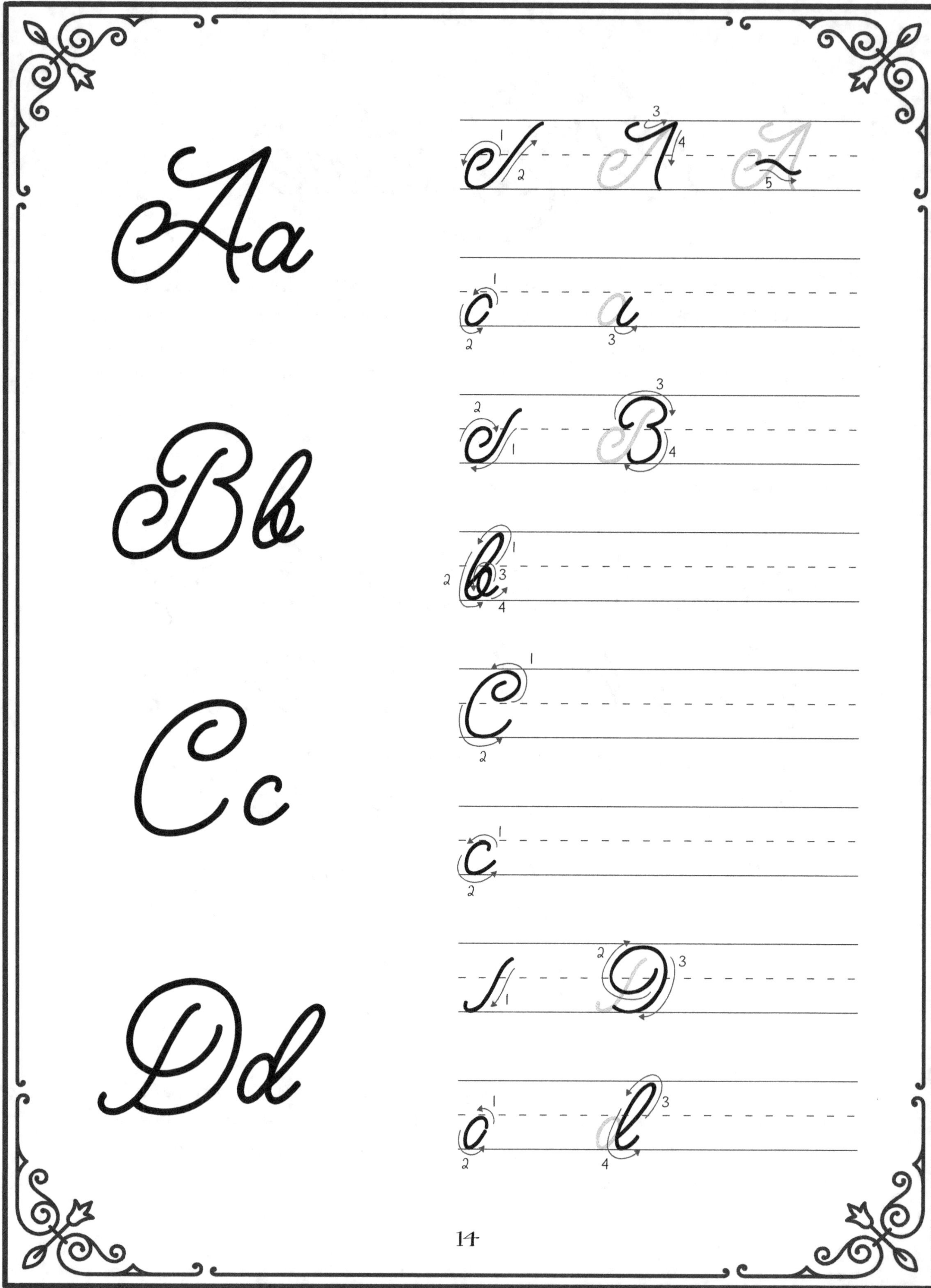

Aa
Bb
Cc
Dd

Ee

Ff

Gg

Hh

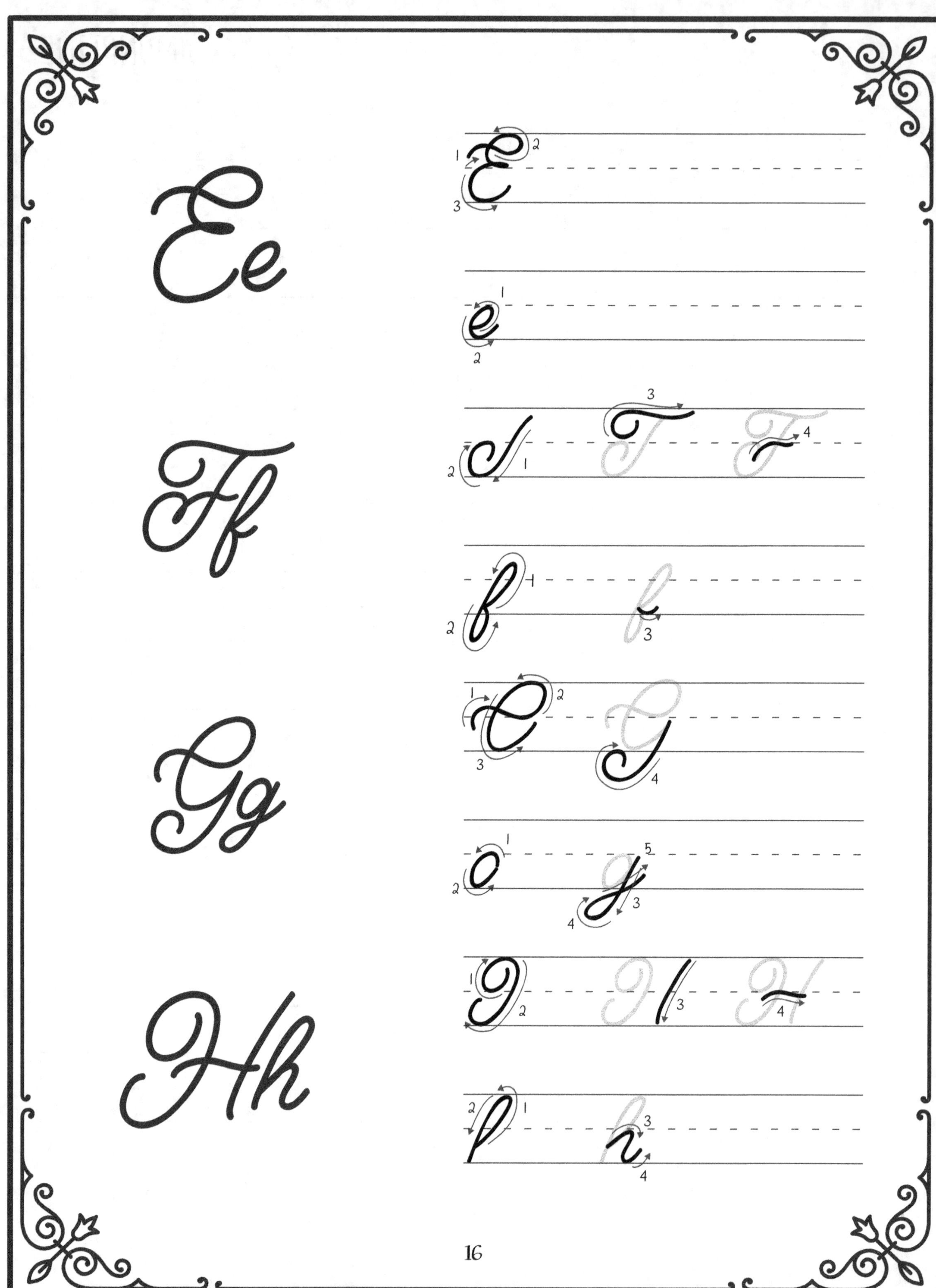

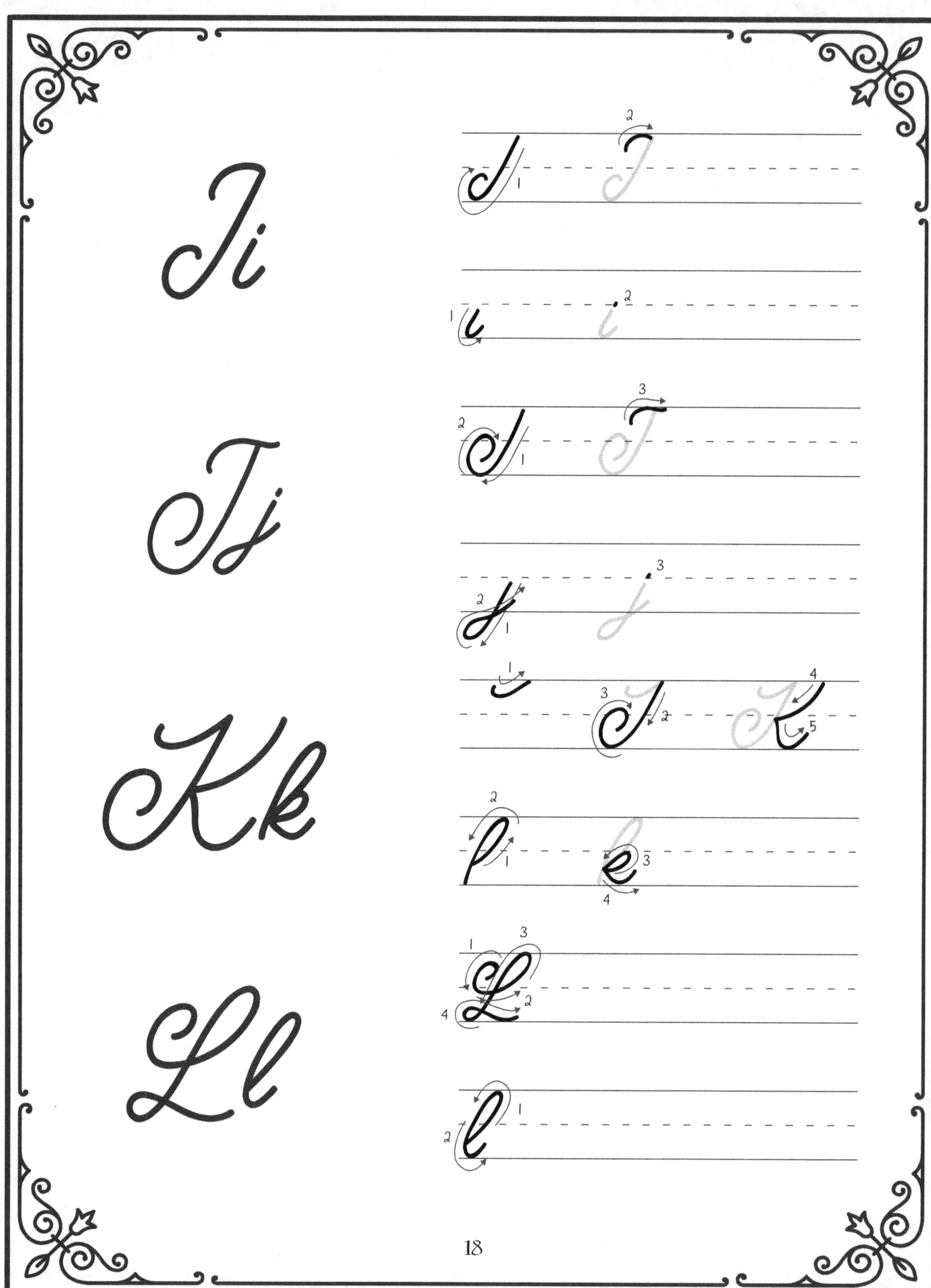

Ji
Jj
Kk
Ll

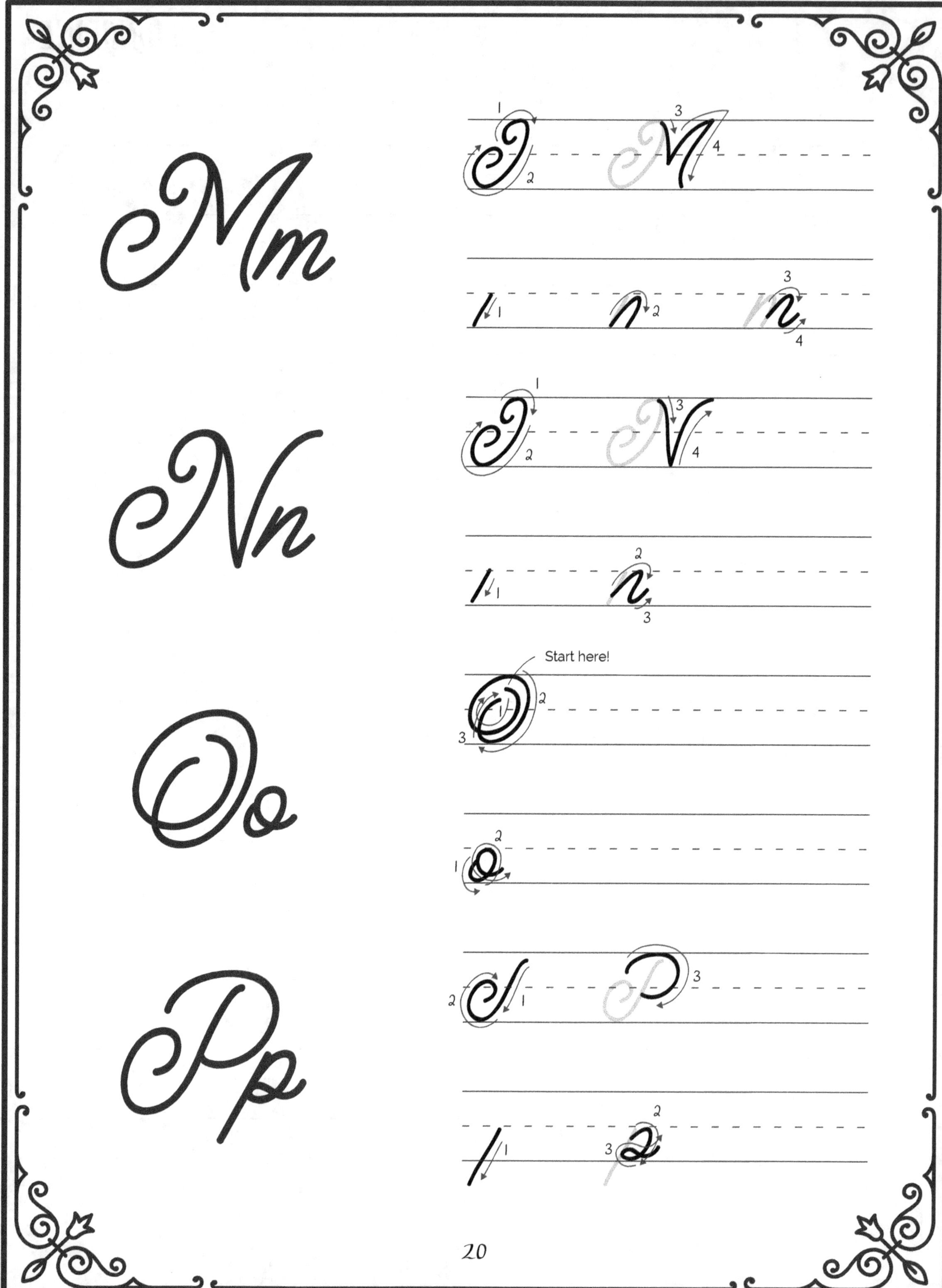

Mm

Nn

Oo

Pp

Start here!

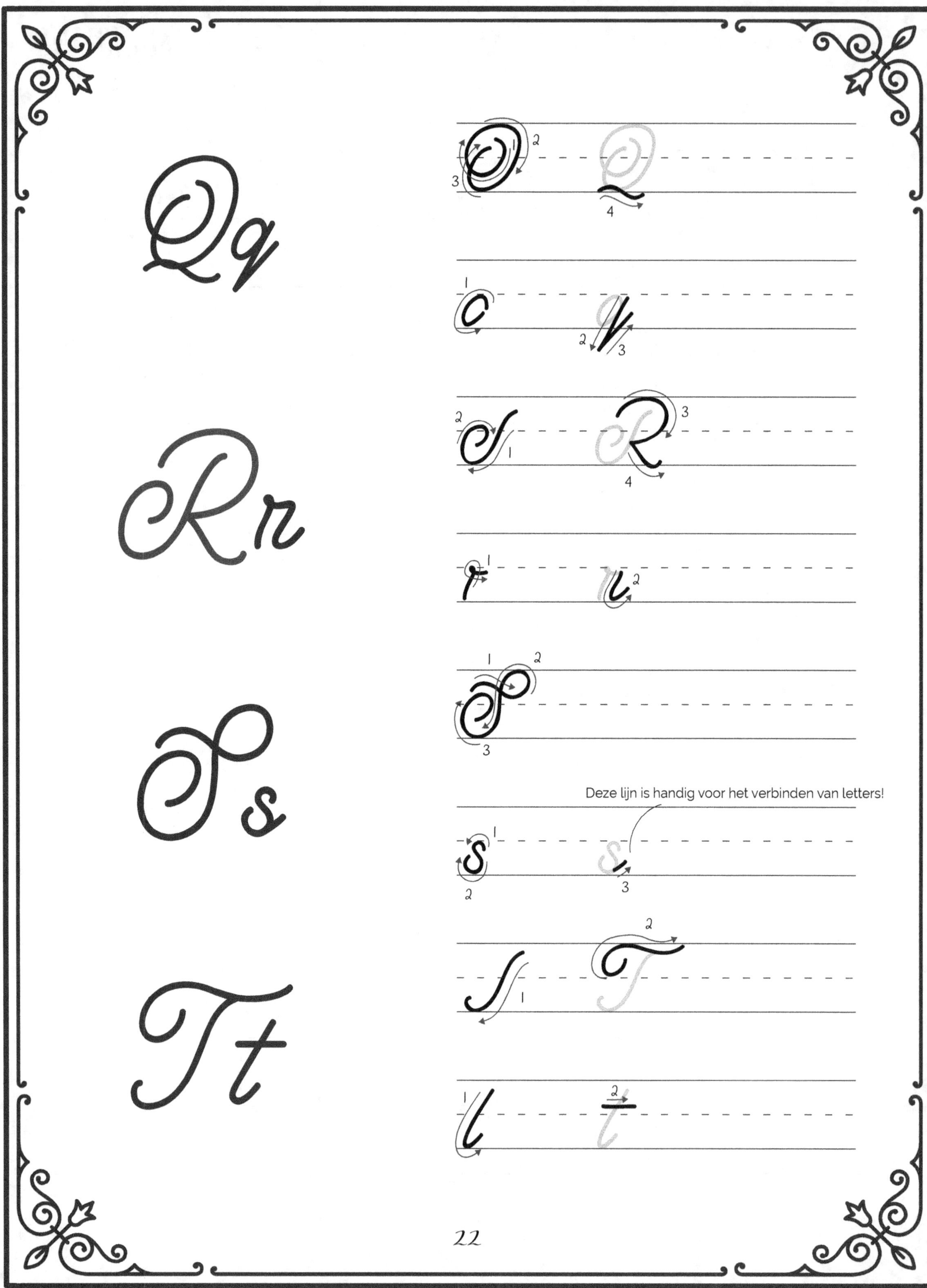

Deze lijn is handig voor het verbinden van letters!

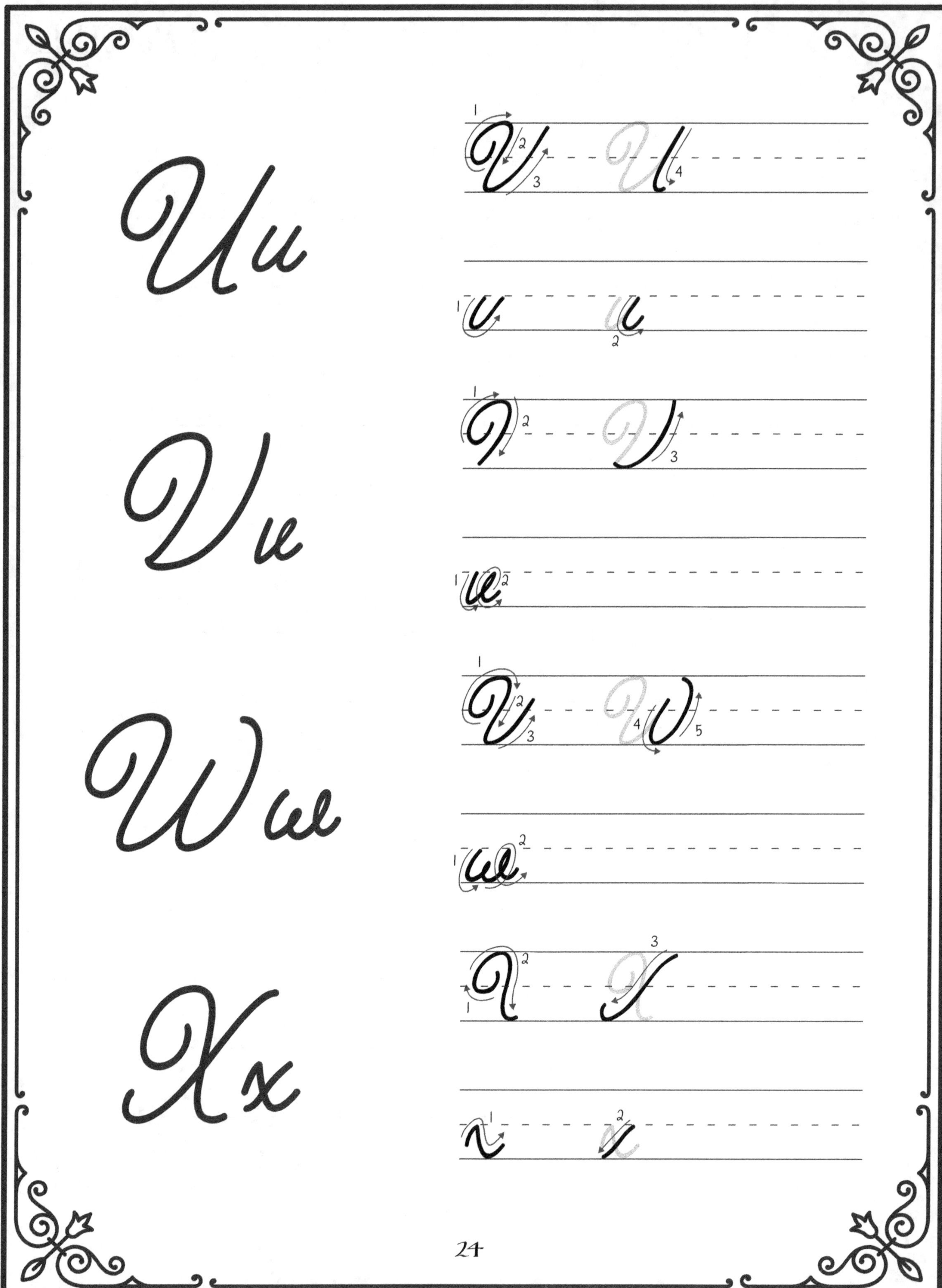

Uu Uu Uu Uu Uu Uu

Uu

Vv Vv Vv Vv Vv Vv

Vv

Ww Ww Ww Ww Ww

Ww

Xx Xx Xx Xx Xx Xx

Xx

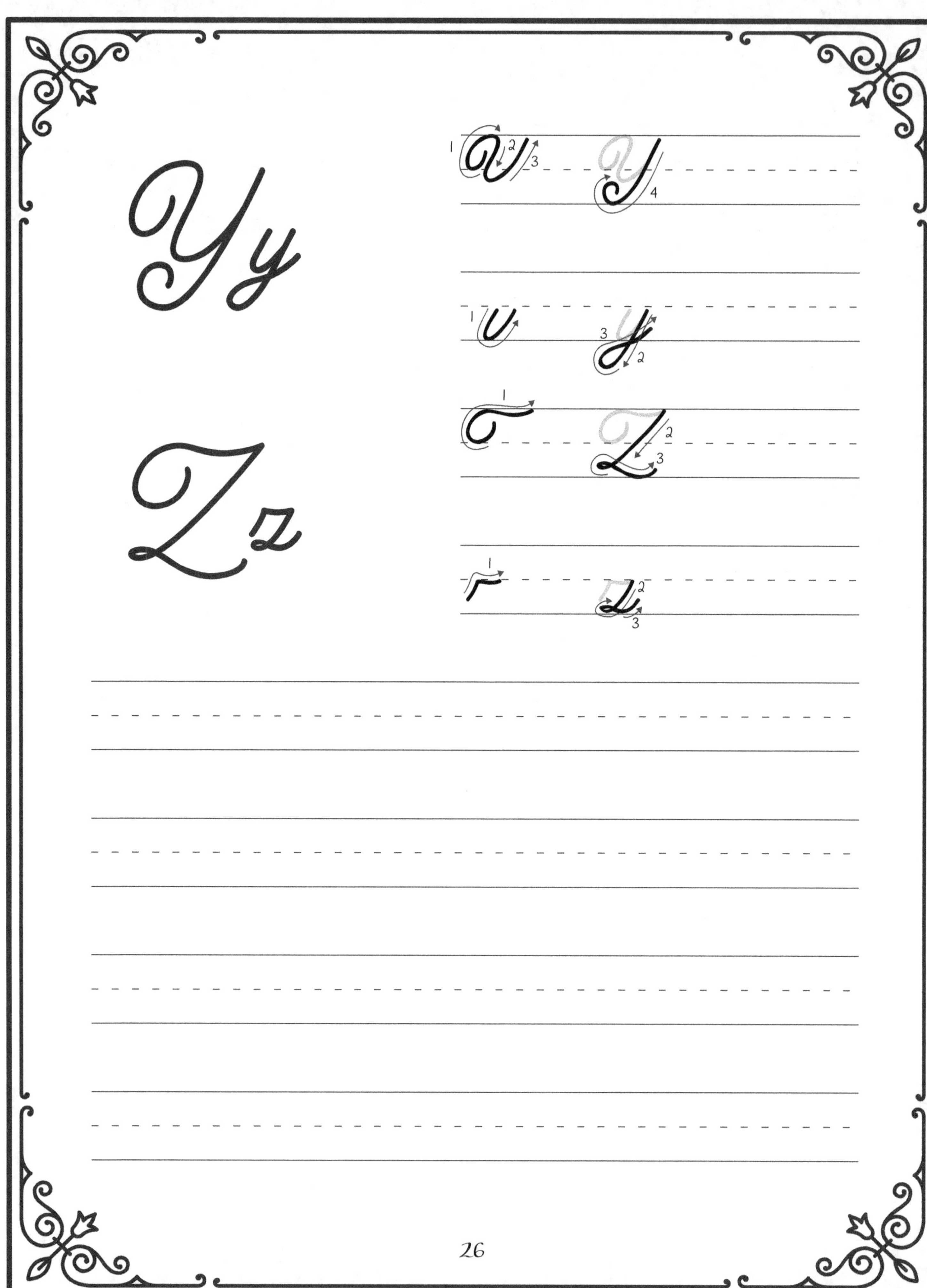

Yy

Zz

Oefen hier!

Faux Kalligrafie

Faux kalligrafie is een letterstijl die precies zo gemaakt wordt als het klinkt; het is nepkalligrafie. Dit is een manier om de schoonheid van kalligrafie te bereiken zonder het tijdrovende werk om de regels te leren en de noodzaak om de juiste materialen te bezitten. Deze letterstijl is over het algemeen zeer vloeiend en lijkt qua uiterlijk op zowel cursief schrijven als kalligrafie. Het is één van de meest gebruikte letterstijlen vanwege de diversiteit. Je kunt vrijwel elk schrijfmiddel gebruiken, op elk oppervlak! Van glas tot hout tot stof, het is allemaal mogelijk.

De beste hulpmiddelen voor faux kalligrafie zijn pennen en stiften. Je kunt echter ook beginnen te oefenen met een potlood! De meeste andere materialen kunnen ook worden gebruikt, maar deze zijn het gemakkelijkst om mee te beginnen.

Aa Bb Cc Dd Ee Ff
Gg Hh Ii Jj Kk Ll
Mm Nn Oo Pp Qq Rr
Ss Tt Uu Vv Ww Xx
Yy Zz

Hoe faux kalligrafie wordt uitgevoerd

We zullen beginnen met uit te leggen hoe je het schrijft met de letter a als voorbeeld.

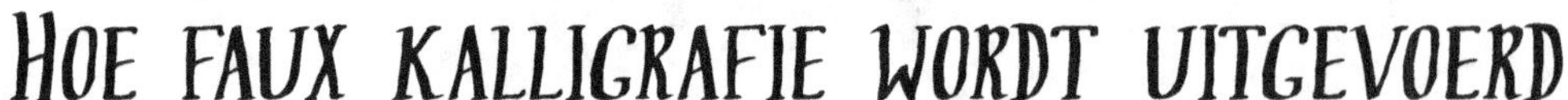

- Begin bij 1 en teken een open ovale vorm tussen de hanglijn en de basislijn. Trek iets omhoog zodra je de basislijn bereikt en stop onder het begin van de lijn. Til je pen op.

- Begin bij 3 en verbind een "u"-vorm met het ovaal, zodat er een a ontstaat. Proficiat, je hebt het eerste deel geschreven!

- Om er een officiële kalligrafieletter van te maken: ga terug naar de ovale vorm, begin bij 4. Voeg gewicht toe door nog een lijn te trekken naast de eerste, met de pen naar beneden. Doe hetzelfde vanaf 5 en voeg gewicht toe aan de bestaande lijn.

- Je kunt de lege ruimte tussen de regels openlaten of invullen. Het is gelukt! Je hebt een faux kalligrafie a!

Faux Kalligrafie Basisstreken

Voordat we volledige letters gaan tekenen, is het oefenen van de basisstreken op zich de beste manier om vertrouwd te raken met deze letterstijl. Begin bij het oefenen altijd met de pen op 1, en volg de richting van de pijlen. Als de pen naar beneden beweegt, is dat een lijn omlaag, die je dikker zult maken. De oefenpagina's laten de ruimte tussen de lijnen open, zodat je kunt kiezen of je die wel of niet invult.

Lijn omhoog

Verdik de lijn omlaag

Als je eenmaal bekend bent met de basislijnen, is het tijd om het geheel in elkaar te zetten! Volg dezelfde aanwijzingen om aan het alfabet te werken, denk aan de eerder besproken tips en heb geduld met jezelf! Neem zoveel tijd als je nodig hebt om het alfabet van de faux kalligrafie echt onder de knie te krijgen!

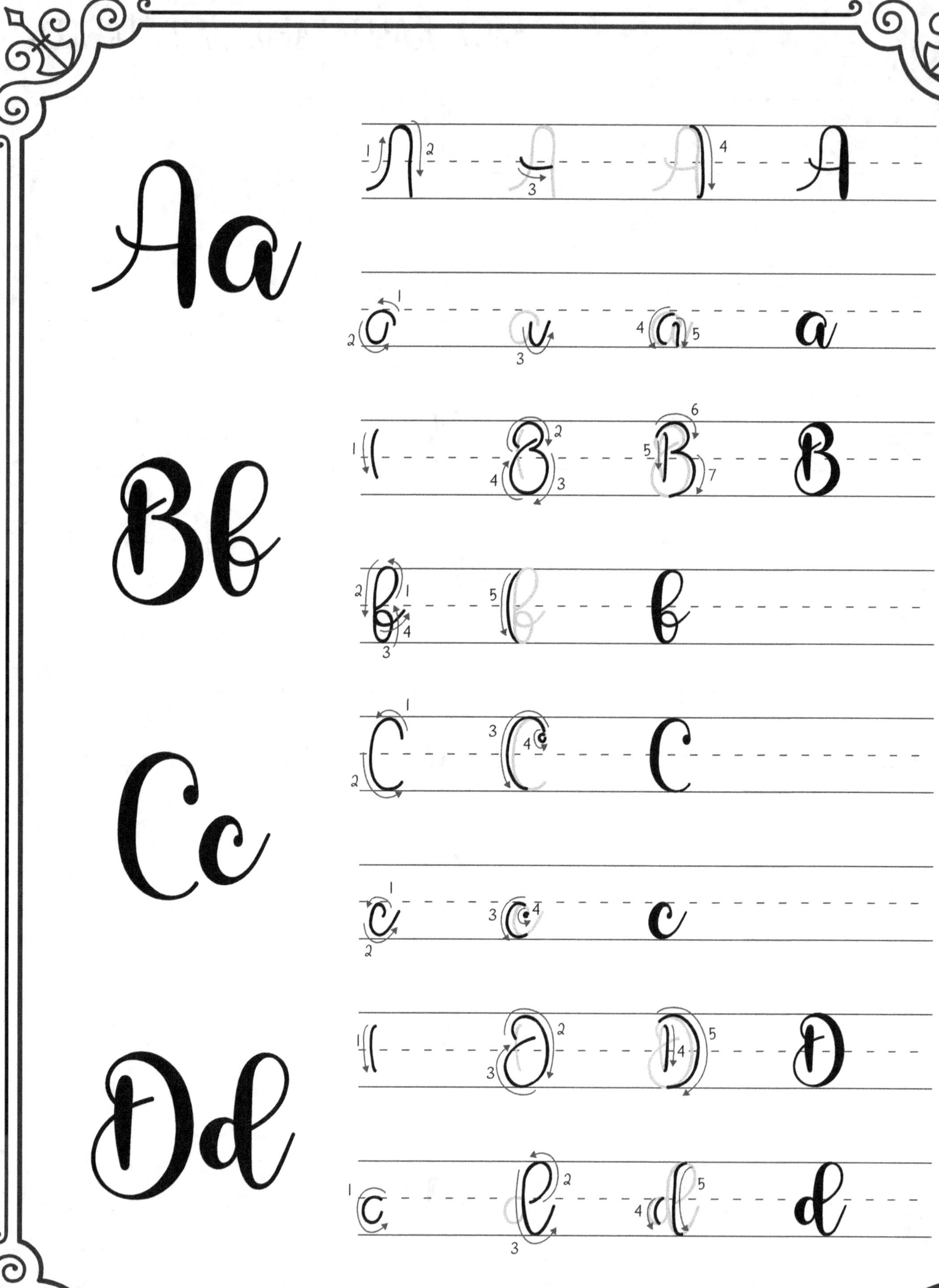

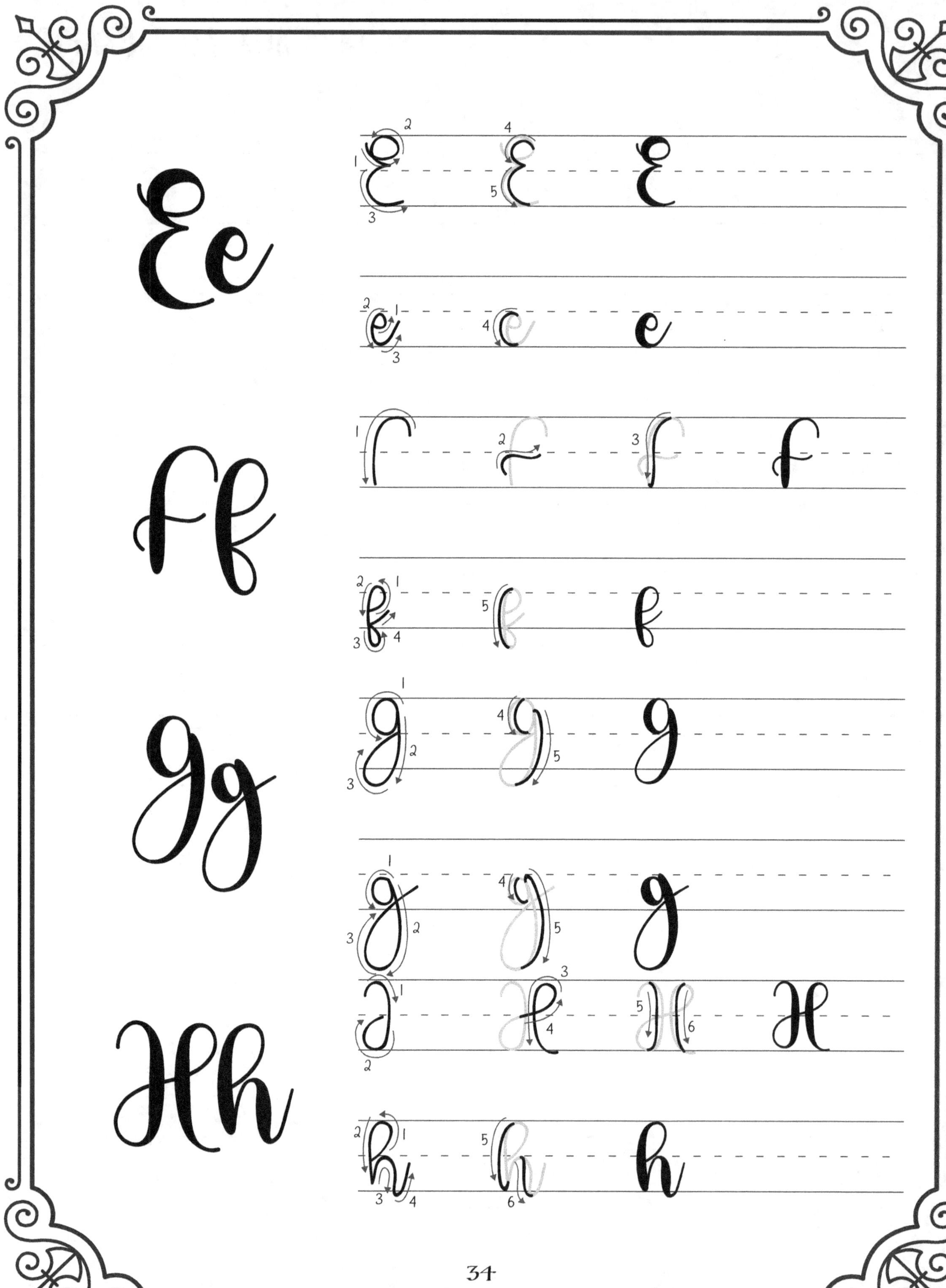

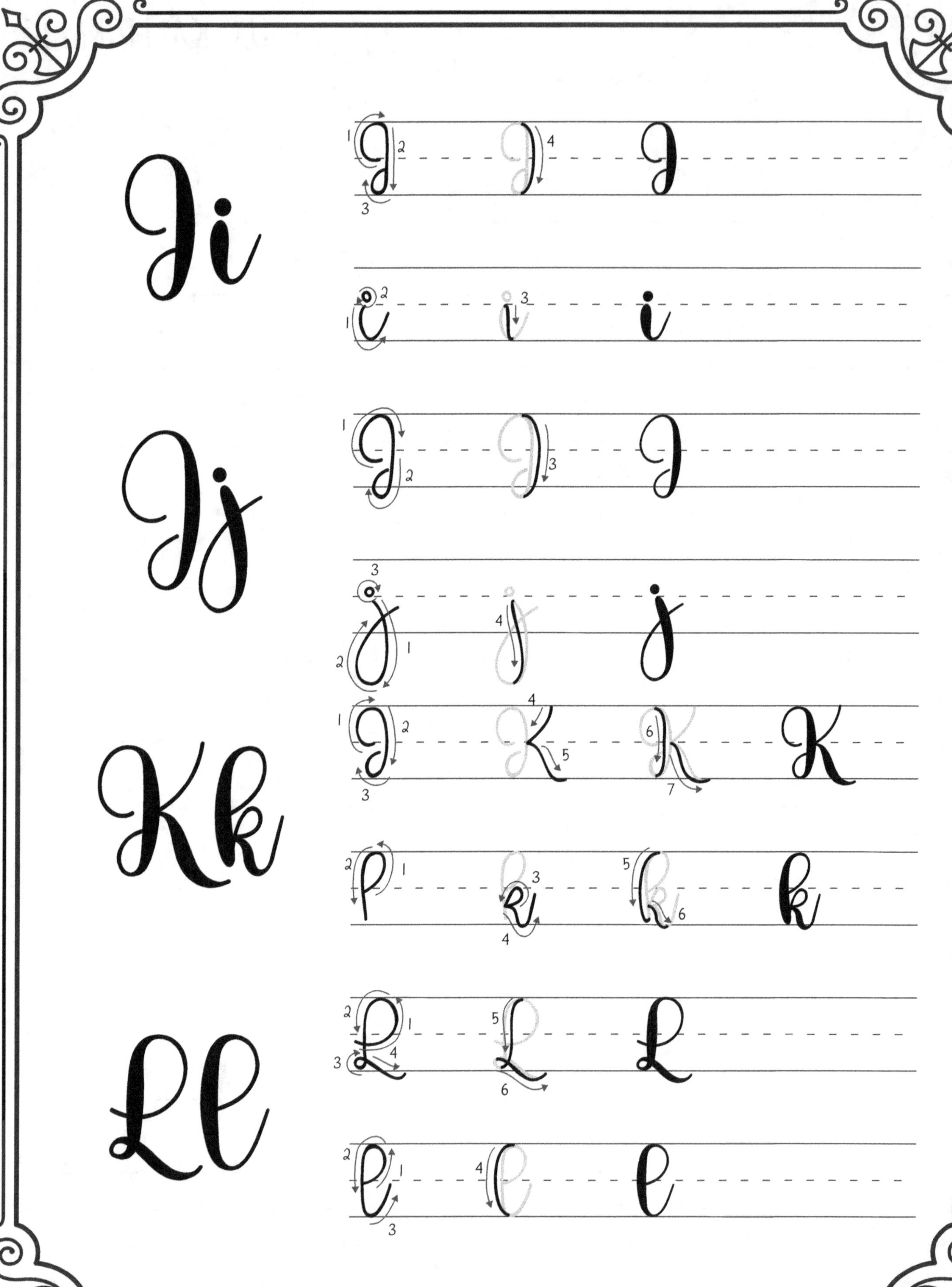

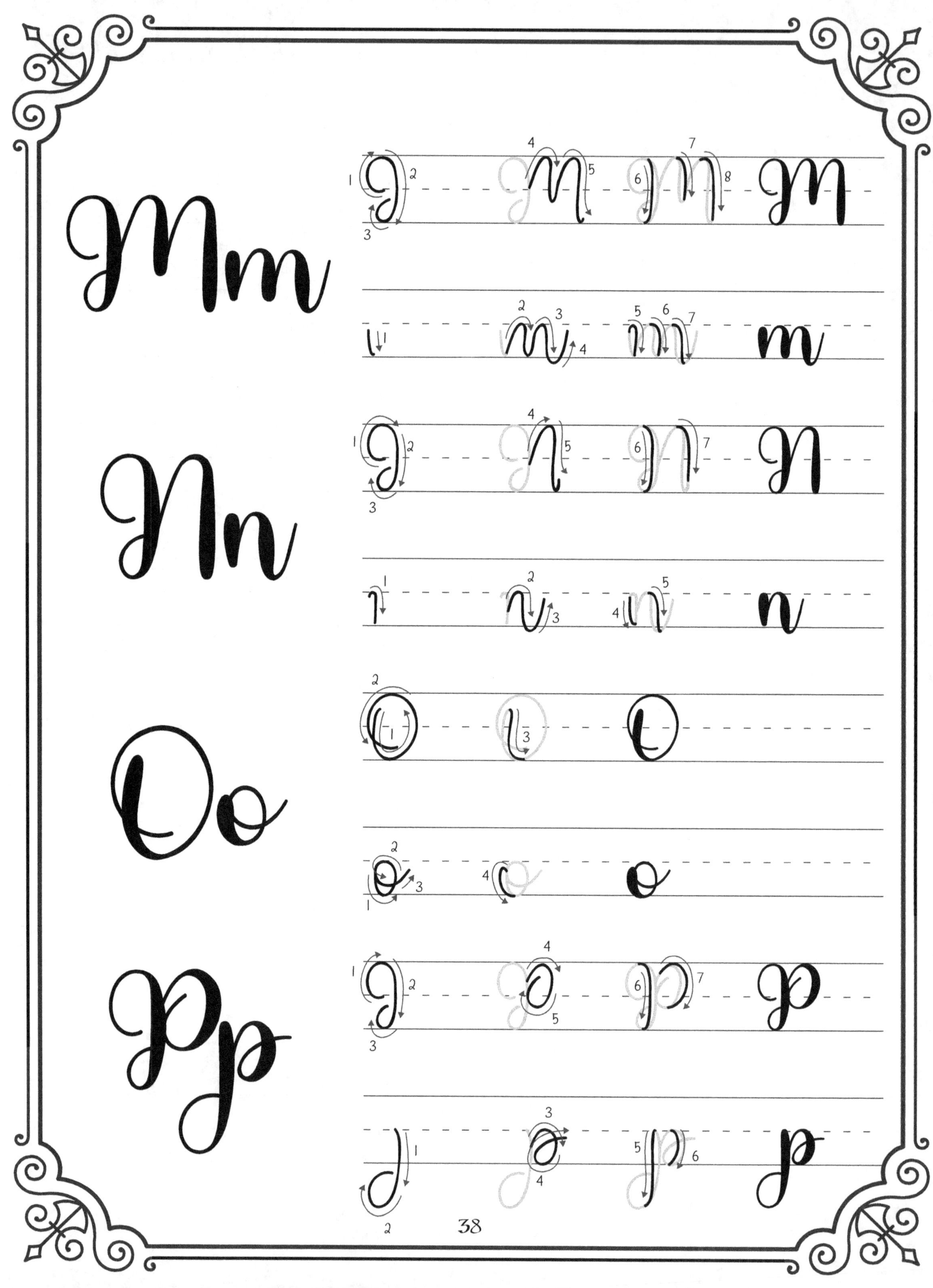

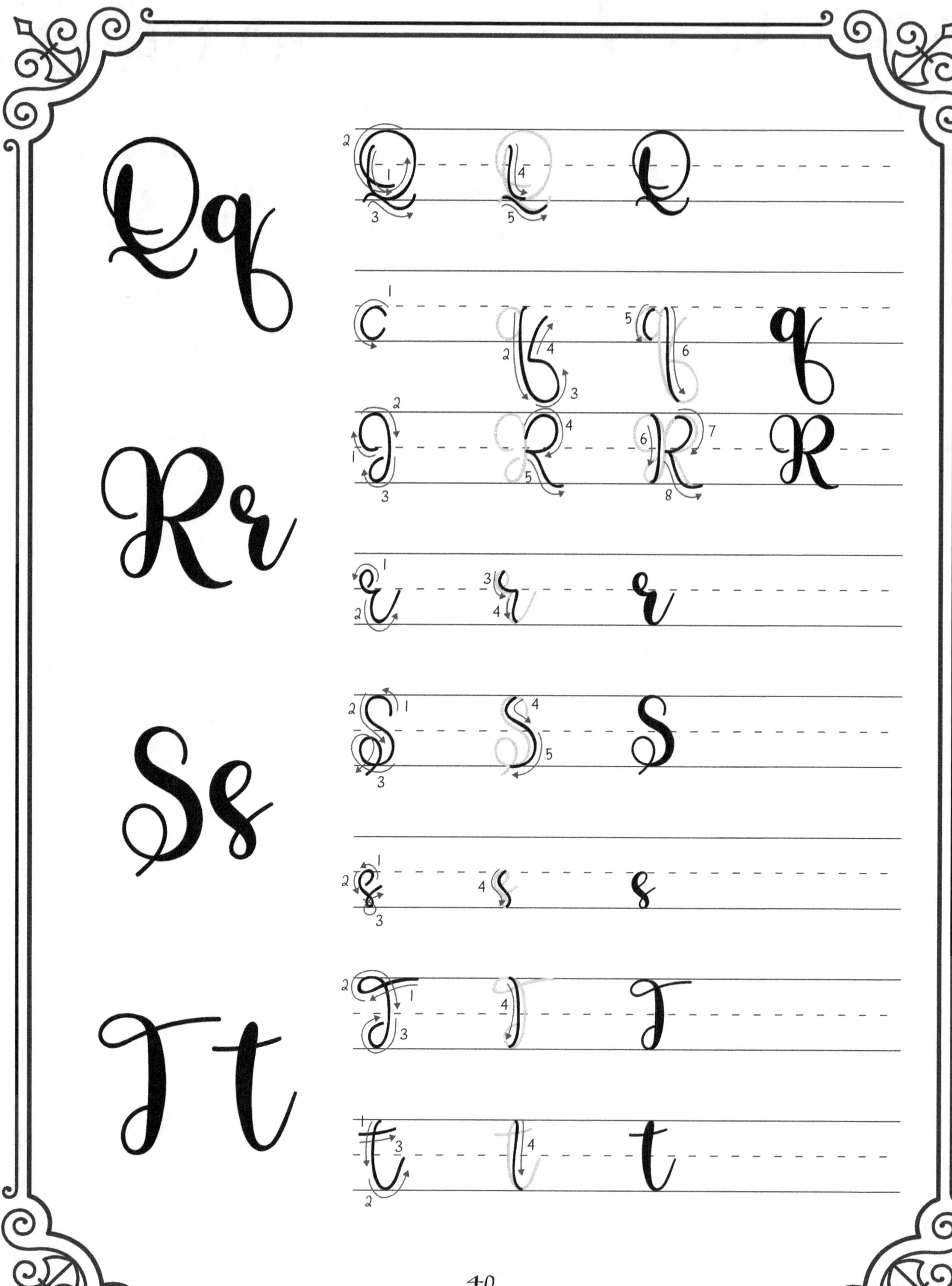

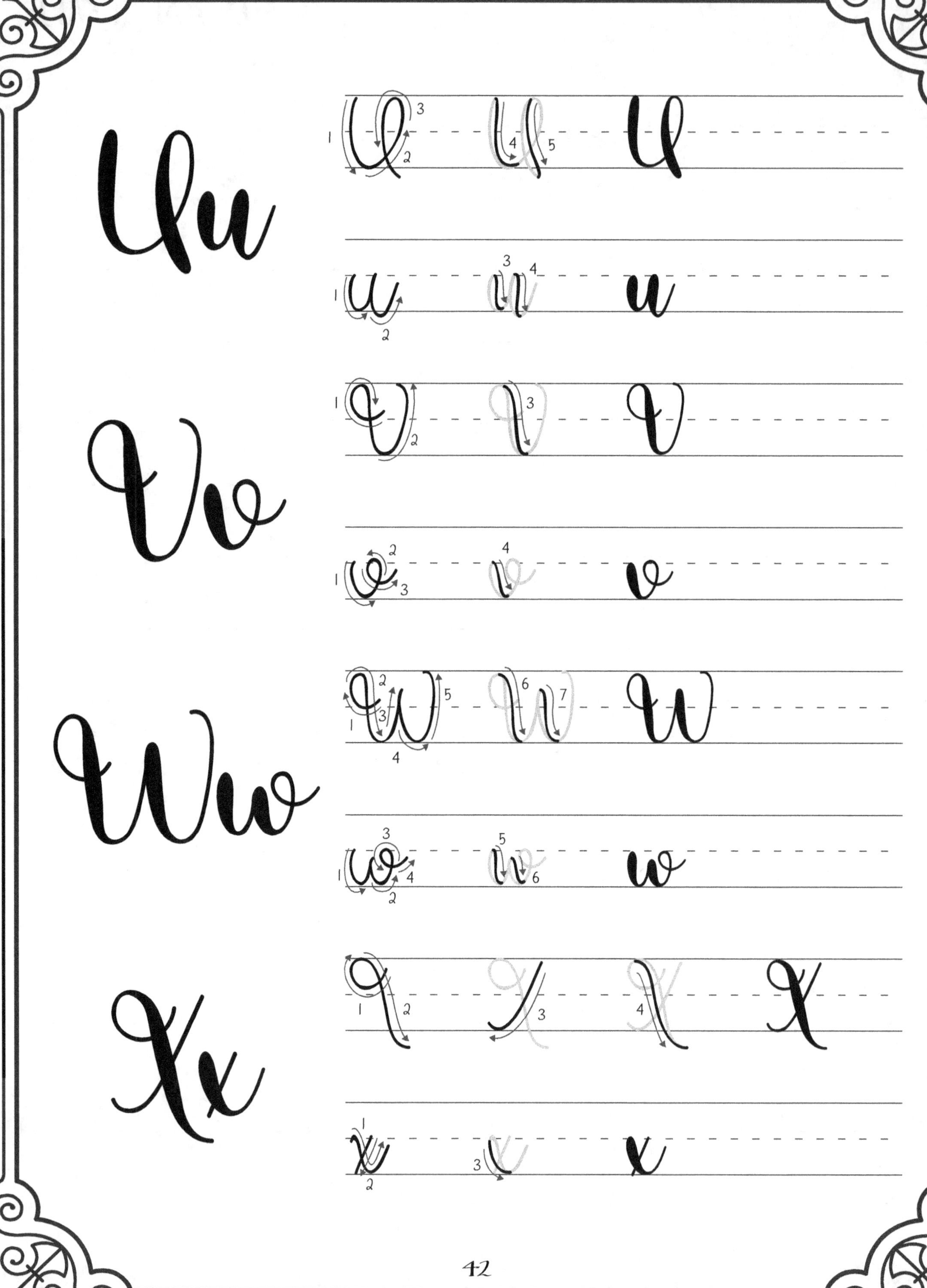

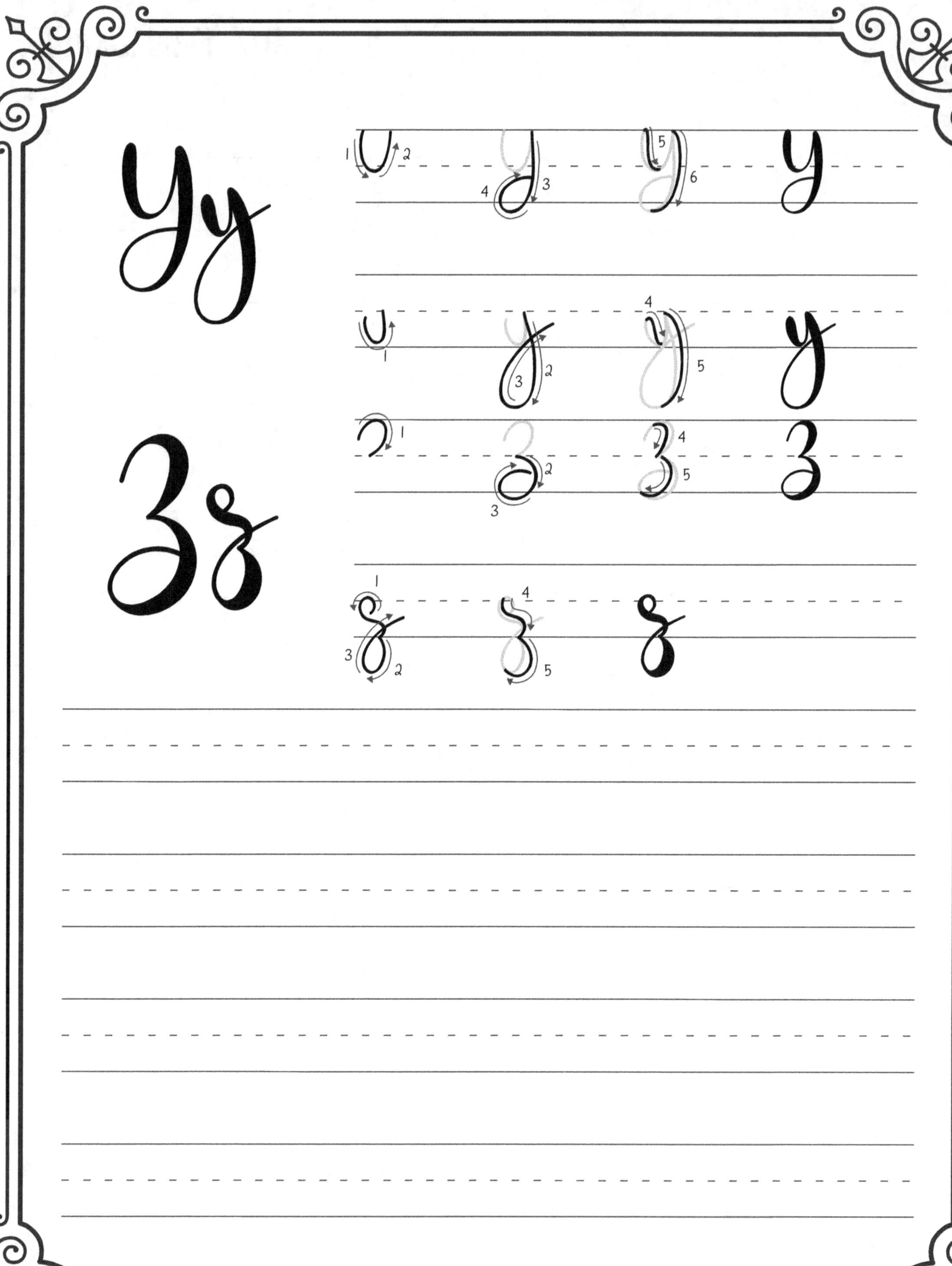

Penseelletteren

Penseelletteren is waar ons werk wat geavanceerder wordt. Het is handig als je bekend bent met monoline lettering en faux kalligrafie voordat je overgaat op penseelletteren, omdat je voortborduurt op de vaardigheden die je met die stijlen hebt geleerd. Penseelletteren komt vaak voor bij formeler of chiquer letterwerk, zoals bij huwelijksuitnodigingen of afstudeeraankondigingen.

Bij penseelletteren wordt een specifieke techniek gebruikt om lijnvariatie te bereiken: het verhogen en verlagen van de druk op de pen; dit in plaats van extra lijnen toe te voegen zoals bij faux kalligrafie. De pen wordt tussen de lijnen nog steeds opgetild om een betere controle te krijgen over elke afzonderlijke letter en om consistent te blijven. Normaal wordt voor het eigenlijke schrijven een penseelpen gebruikt. Je kunt ook verf en een flexibele kwast gebruiken, maar die kunnen moeilijker te hanteren zijn.

Aa Bb Cc Dd Ee Ff
Gg Hh Ii Jj Kk Ll
Mm Nn Oo Pp Qq Rr
Ss Tt Uu Vv Ww Xx
Yy Zz

De 8 basislijnen

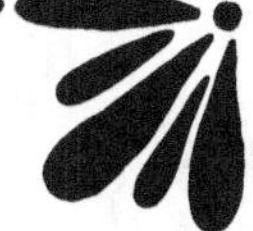

Lijn omhoog

Begin met je penseelpen onderaan en trek een lijn naar boven. Denk eraan geen druk uit te oefenen, zodat je een mooie, dunne lijn krijgt.

Lijn omlaag

Begin met een soortgelijke techniek bovenaan en trek een lijn naar beneden. Geef wat meer druk en duw de penseelpen wat meer naar beneden om de lijn dikker te maken. Hoe meer druk, hoe dikker de lijn.

Overslag

Begin onderaan en trek een gebogen lijn omhoog. Zonder te stoppen, buig je de lijn in een lijn omlaag, terwijl je druk toevoegt om een dikke lijn te krijgen. Dit is een lastige, want je moet de druk veranderen in de lijn zelf. Werk langzaam en blijf oefenen!

Onderslag

De onderslag is het omgekeerde van de overslag. Begin bovenaan en trek een gebogen lijn omlaag. Vergeet de druk niet! Onderaan laat je de druk los en teken je een gebogen lijn omhoog. Vergeet niet de pen gedurende de hele lijn te bewegen. Werk langzaam als dat nodig is, maar niet te langzaam, want dan kan je hand gaan trillen.

Samengestelde curve

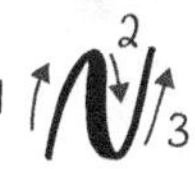

De samengestelde curve is een lijn die vaak wordt gebruikt om letters met elkaar te verbinden. Vergeet niet dat de pen de pagina niet verlaat en de hele lijn blijft bewegen. Begin aan de linkerkant, vanaf de onderkant en teken een gebogen lijn omhoog. Teken een gebogen lijn omlaag en herhaal dan een lijn omhoog. Denk eraan dat de lijn omlaag dik moet zijn en de lijn omhoog dun, zodat je uiteindelijk twee dunne lijnen krijgt en een dikke in het midden.

Ovaal

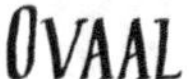

Een ovaal is gewoon een langwerpige cirkel met lijnvariaties. Begin bovenaan en teken een gebogen lijn omlaag. Aan de onderkant laat je de druk los en teken je een gebogen lijn omhoog. In plaats van hem te beëindigen, buig je hem nu terug naar de lijn omlaag aan de bovenkant.

Oplopende lus

De oplopende lus wordt gebruikt voor letters die boven de hanglijn komen, zoals h, b, d, enz. Om te beginnen plaats je je pen ongeveer halverwege boven waar je de lijn wilt laten eindigen. Begin een gebogen lijn omhoog en maak een ovaalachtige vorm. Blijf de pen vervolgens bewegen en eindig de lus met een lijn omlaag recht naar beneden. De oplopende lus zal bijna altijd gecombineerd worden met een andere lijn om een volledige letter te maken.

Dalende lus

De dalende lus volgt hetzelfde basisidee als de oplopende lus. Het is ook een lijn om een letter af te maken, en de lijn valt altijd onder de basislijn. Hij hoort bij letters als g en y. Het is ook een lijn waar andere stijlen gewoonlijk op voortbouwen.

Om te beginnen plaats je je pen in het midden van waar je de lijn wilt hebben en teken je een lijn omlaag die aan het eind een bocht maakt. Houd de pen in beweging, laat de druk los en teken een gebogen lijn omhoog. Je zou moeten eindigen met een ovaalachtige gesloten vorm.

ALS JE EENMAAL VERTROUWD BENT GERAAKT MET DE VERSCHILLENDE LIJNEN, GA JE VERDER MET OEFENEN OP DE VOLGENDE PAGINA'S. ALS JE VASTLOOPT, KUN JE ALTIJD TERUGGAAN NAAR DEZE UITLEG.

BASISLIJNEN

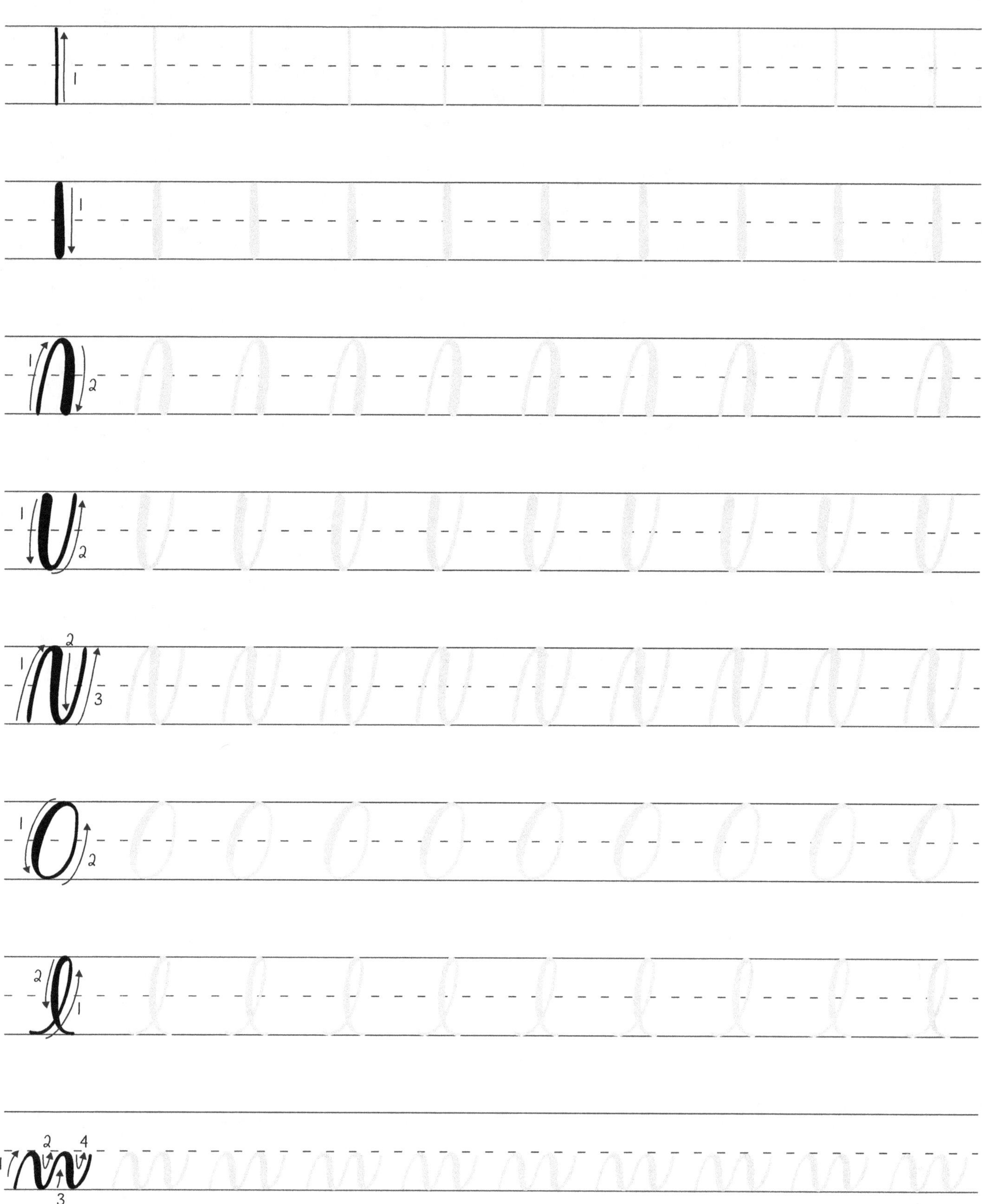

Het alfabet van penseelletteren kan wat lastig zijn. Met zoveel verschillende lijnen en termen is het ook overweldigend! Dit gedeelte is er om wat meer duidelijkheid te verschaffen, waarbij je stuk voor stuk door elke letter heen wordt geleid.

Bovenlijn

Hanglijn

Basislijn

Trek een lijn omlaag van waar de laatste lijn eindigde.

Teken een lijn omhoog en krul deze aan het begin.

Voeg een dwarsbalk toe.

Teken een ovaal en laat deze rechtsboven open.

Teken een onderslag vanaf het begin van de ovale vorm.

Teken een lijn omlaag.

Begin bovenaan de laatste lijn, teken twee zijwaartse overslagen en buig ze in de B-vorm.

Voeg onderaan een lus toe.

Teken een oplopende lus.

Teken een zijwaartse overslag vanuit het midden van de oplopende lus.

Voeg een lus toe onderaan de lijn.

De C lijkt sterk op de ovale basisstreep, behalve dat je het ovaal openlaat.

Teken de kleine letter c zoals de hoofdletter C, maar dan tussen de hanglijn en de basislijn.

Teken een lijn omlaag.

Begin iets buiten de laatste lijn en trek een zijwaartse overslag.

Voeg een lus toe onderaan de lijn.

Teken een ovaal en laat het rechts open.

Teken een oplopende lus, die je verbindt met de open achterkant van de vorige lijn.

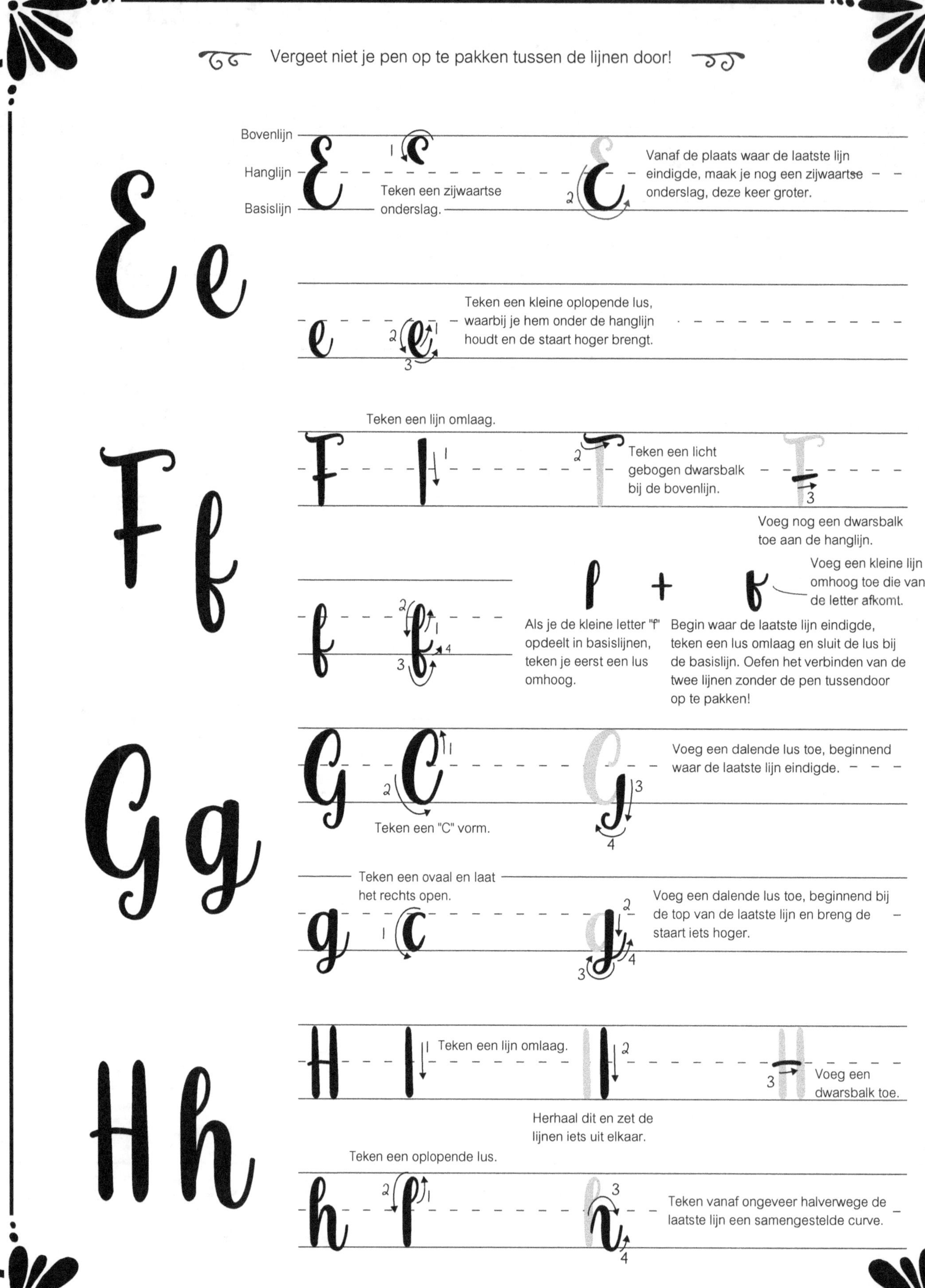

Bovenlijn
Hanglijn
Basislijn

Teken een zijwaartse onderslag.

Vanaf de plaats waar de laatste lijn eindigde, maak je nog een zijwaartse onderslag, deze keer groter.

Teken een kleine oplopende lus, waarbij je hem onder de hanglijn houdt en de staart hoger brengt.

Teken een lijn omlaag.

Teken een licht gebogen dwarsbalk bij de bovenlijn.

Voeg nog een dwarsbalk toe aan de hanglijn.

Voeg een kleine lijn omhoog toe die van de letter afkomt.

Als je de kleine letter "f" opdeelt in basislijnen, teken je eerst een lus omhoog.

Begin waar de laatste lijn eindigde, teken een lus omlaag en sluit de lus bij de basislijn. Oefen het verbinden van de twee lijnen zonder de pen tussendoor op te pakken!

Teken een "C" vorm.

Voeg een dalende lus toe, beginnend waar de laatste lijn eindigde.

Teken een ovaal en laat het rechts open.

Voeg een dalende lus toe, beginnend bij de top van de laatste lijn en breng de staart iets hoger.

Teken een lijn omlaag.

Herhaal dit en zet de lijnen iets uit elkaar.

Voeg een dwarsbalk toe.

Teken een oplopende lus.

Teken vanaf ongeveer halverwege de laatste lijn een samengestelde curve.

Ee Ee Ee Ee Ee Ee

Ee

Ff Ff Ff Ff Ff Ff

Ff

Gg Gg Gg Gg Gg Gg

Gg

Hh Hh Hh Hh Hh Hh

Hh

Denk aan de dunne lijn omhoog en de dikke lijn omlaag!

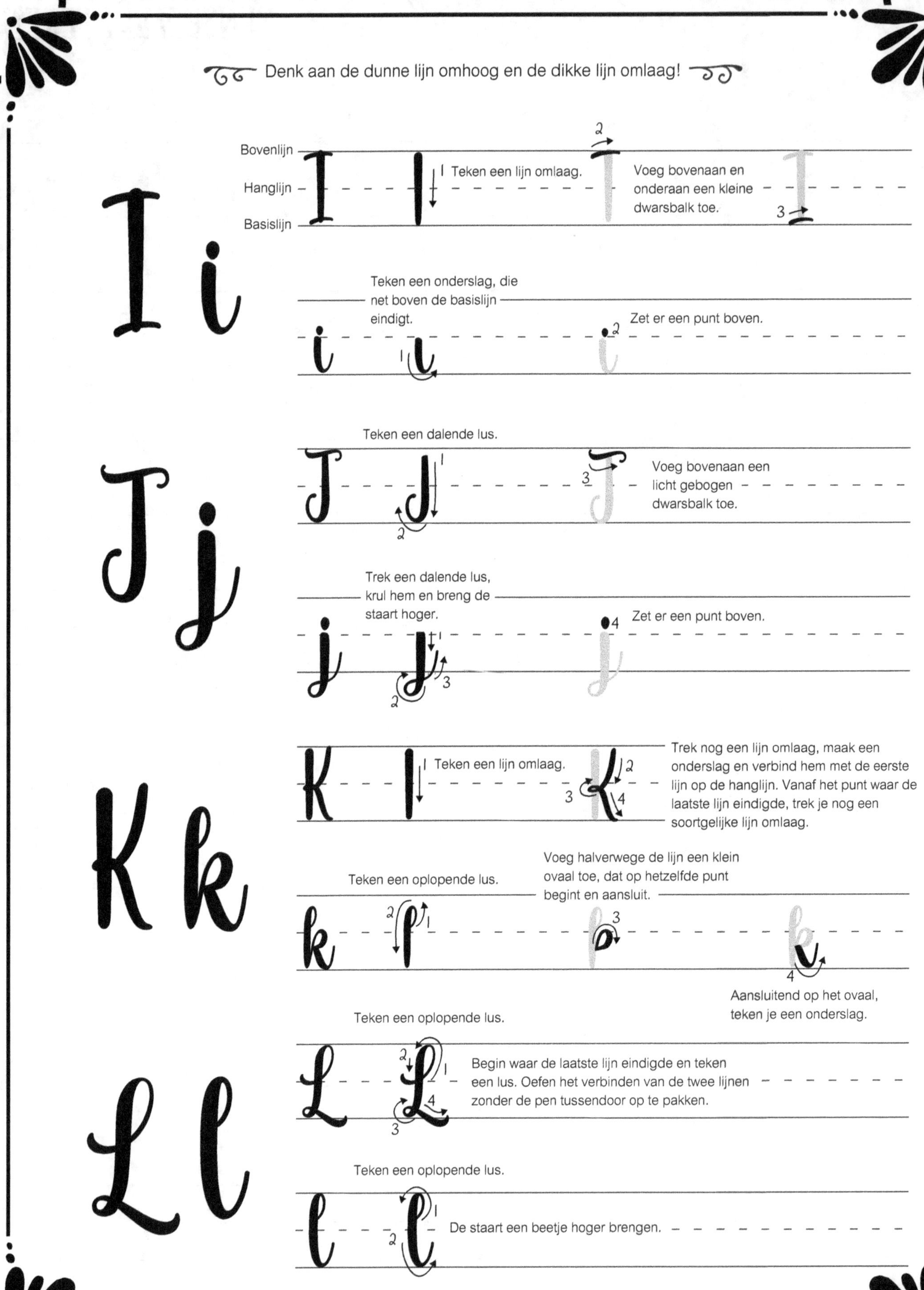
Bovenlijn
Hanglijn
Basislijn
Teken een lijn omlaag.
Voeg bovenaan en onderaan een kleine dwarsbalk toe.
Teken een onderslag, die net boven de basislijn eindigt.
Zet er een punt boven.
Teken een dalende lus.
Voeg bovenaan een licht gebogen dwarsbalk toe.
Trek een dalende lus, krul hem en breng de staart hoger.
Zet er een punt boven.
Teken een lijn omlaag.
Trek nog een lijn omlaag, maak een onderslag en verbind hem met de eerste lijn op de hanglijn. Vanaf het punt waar de laatste lijn eindigde, trek je nog een soortgelijke lijn omlaag.
Teken een oplopende lus.
Voeg halverwege de lijn een klein ovaal toe, dat op hetzelfde punt begint en aansluit.
Aansluitend op het ovaal, teken je een onderslag.
Teken een oplopende lus.
Begin waar de laatste lijn eindigde en teken een lus. Oefen het verbinden van de twee lijnen zonder de pen tussendoor op te pakken.
Teken een oplopende lus.
De staart een beetje hoger brengen.

Mm

Nn

Oo

Pp

Bovenlijn

Hanglijn

Basislijn

Terug naar de laatste lijn, trek een lijn omlaag.

Teken een lijn omhoog, met een krul onderaan.

Begin waar de laatste lijn eindigde, trek een lijn omlaag, dan een lijn omhoog.

Teken vanaf halverwege de laatste lijn een samengestelde curve.

Teken een lijn omlaag.

Begin waar de laatste lijn eindigde en teken een overslag.

Teken een lijn omhoog, met een krul onderaan.

Begin waar de laatste lijn eindigde en trek een lijn omlaag.

Trek vanaf de bovenlijn een lijn omlaag, verbonden met het einde van de laatste lijn.

Teken een lijn omlaag.

Begin onderaan de laatste lijn en teken een samengestelde curve.

Teken een ovaal en voeg aan het eind een lijn toe die gedeeltelijk door het midden van de letter gaat.

Teken een ovaal, met een lijn die door de letter naar de andere kant gaat, met een lichte krul aan het eind. Die lijn is handig als je jouw letters met elkaar verbindt.

Teken een lijn omlaag.

Begin iets buiten de laatste lijn, trek een zijwaartse overslag en sluit deze halverwege de laatste lijn aan.

Begin bij de laatste lijn, trek een overslag en sluit deze halverwege de laatste lijn aan.

Teken een lijn omlaag.

Voeg een lus toe die uit de letter komt.

Mm Mm Mm Mm Mm Mm

Mm

Nn Nn Nn Nn Nn Nn

Nn

Oo Oo Oo Oo Oo Oo

Oo

Pp Pp Pp Pp Pp Pp

Pp

Deze letter lijkt bijna precies op een hoofdletter "O", het enige verschil is een streepje onderaan de letter.

Bovenlijn

Hanglijn

Basislijn

Teken een ovaal en voeg een streepje toe.

Teken een ovaal en laat het rechts open.

Vanaf de bovenkant van de laatste lijn, teken je een dalende lus.

Voeg een kleine streep toe die van de letter afkomt.

Teken een lijn omlaag.

Begin iets buiten de laatste lijn en teken een overslag die aansluit in het midden van de laatste lijn.

Teken een lijn omlaag.

Teken bij de hanglijn een kleine horizontale lijn.

Teken een kleine lijn omhoog.

Begin aan het einde van de horizontale lijn, teken een onderslag, die eerder eindigt dan je normaal zou doen.

Teken een losse oplopende lus en ga verder in een losse dalende lus.

Teken zoals voor een hoofdletter "S", op een kleinere schaal.

Aan het eind gaat de lijn door de letter heen en sluit de volgende letter aan.

Teken een lijn omlaag.

Teken een licht gebogen dwarsbalk.

Trek een lijn omlaag, waarbij de staart iets hoger komt te liggen.

Voeg een dwarsbalk toe bij de bovenkant van de letter.

Bovenlijn

Hanglijn

Basislijn

Teken een onderslag.

Teken een lijn omlaag en verbind deze met de onderslag.

Vergelijkbaar met de hoofdletter "U", maar teken hem kleiner en breng de staart iets hoger.

Teken een schuine lijn omlaag.

Begin aan het einde van de laatste lijn, trek een schuine lijn omhoog.

Teken zoals bij de hoofdletter "V", op kleinere schaal en met een lus en een staart aan de linkerkant.

Teken een onderslag, die eerder eindigt dan je normaal zou doen.

Aansluitend op de laatste lijn, trek nog een onderslag.

Teken zoals bij een hoofdletter "W" in een kleinere schaal.

Voeg een lus toe aan het einde.

Teken een schuine lijn omlaag.

Begin bij de basislijn, trek een lijn omhoog schuin naar de tegenovergestelde kant en kruis de eerste lijn bij de hanglijn.

Teken een schuine lijn omlaag.

Begin bij de basislijn, trek een lijn omhoog, schuin in tegengestelde richting, waarbij de eerste lijn in het midden wordt gekruist.

Bovenlijn

Hanglijn

Basislijn

Teken een onderslag.

Teken vanaf het einde van de laatste lijn een dalende lus.

Teken een onderslag.

Trek vanaf het einde van de laatste lijn een dalende lus, waarbij je de staart iets hoger brengt.

Trek een horizontale lijn op de bovenlijn.

Teken een schuine lijn omlaag verbonden met de laatste lijn.

Trek nog een horizontale lijn op de basislijn.

Teken een overslag.

Begin waar de laatste lijn eindigde, teken een staart en maak er een lus in.

Oefen hier!

LETTERS VERBINDEN

Nu je vertrouwd bent geraakt met de verschillende letters van het alfabet, is het tijd om de letters met elkaar te gaan verbinden.

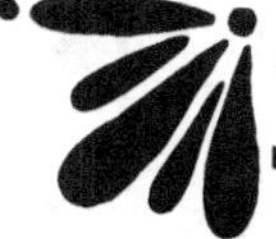

Verbindingsboog

Als we het woord "happy" als voorbeeld nemen, zien we een paar belangrijke punten als het gaat om het verbinden van de letters. De letters moeten allemaal op dezelfde manier aansluiten. De verbindingsboog van de h en de a hebben een vergelijkbare lengte en vorm en bevinden zich in hetzelfde algemene gebied van de letters. De afstand tussen de letters moet ook consistent zijn; in het woord "happy" staan alle letters ongeveer op dezelfde afstand van elkaar.

Veel letters lopen van nature in elkaar over, maar dat is niet altijd het geval. Letters eindigen en beginnen op verschillende plaatsen: sommige op de hanglijn, andere op de basislijn - en sommige letters hebben geen duidelijk verbindingspunt. Probeer in dat geval een paar manieren te vinden om de letter te verbinden en maak een keuze. Hier zijn een paar voorbeelden.

Het verbinden van O & M

om   om

Het verbinden van E & R

er   er

Verbindingen met te veel lussen moeten worden vermeden, omdat ze verwarrend kunnen zijn. Zoals in de onderstaande voorbeelden duidelijk wordt kan het dan moeilijk worden om te zien welke letter welke is door de vele lussen.

Het verbinden van V & R

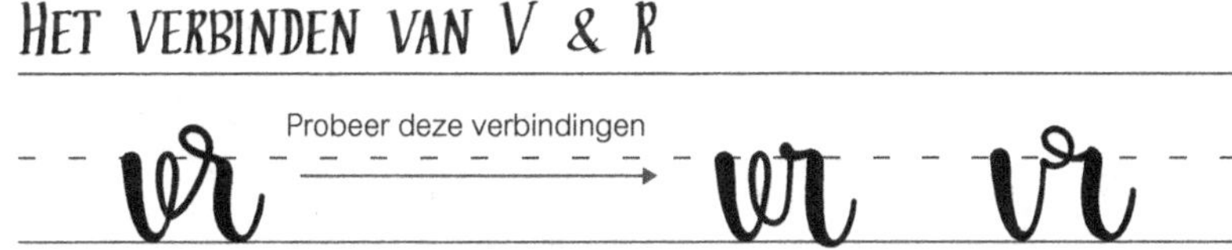

Tenslotte is het goed om te weten dat je niet elke letter hoeft te verbinden. Soms ziet het er beter uit om ze apart te laten, dus probeer dat ook eens!

LETTERS VERBINDEN

Gebruik de volgende pagina's om enkele eenvoudige verbindingen te oefenen.

ah

du

fe

br

er

vr

yr

wr

ki

pe

ph

ox

ll

mm

nn

ss

LETTERS VERBINDEN

Als je eenmaal gewend bent aan het maken van korte verbindingen, kun je deze langere woorden proberen om nog meer te oefenen.

hoop

mooi

moed

zegen

vrede

leven

droom

vibes

zomer

genade

geloof

helder

liefde

eenvoud

muziek

kerstmis

weekend

vreugde

creatief

vriendelijk

Flourishes

Versieringen, oftewel flourishes zoals ze bij het handtekenen genoemd worden, zijn niet gemakkelijk onder de knie te krijgen, maar ze zijn de moeite waard. Versieringen zijn een geweldige manier om een woord er nog mooier uit te laten zien of het te laten opvallen tussen andere woorden. Deze versieringen kunnen zo eenvoudig of zo complex zijn als je wilt; de keuze is aan jou!

Het kan nuttig voor je zijn om vroeg te beginnen met het oefenen van versieringen. Op die manier kun je, tegen de tijd dat je een paar letterstijlen kent, meteen mooie versieringen toevoegen!

Bij het aanbrengen van versieringen geldt, zoals bij alle letters, dat je je greep licht moet houden. Beweeg je hele arm in plaats van alleen je vingers, anders worden je lijnen wankel - vooral bij grotere versieringen. Wat de lijnen zelf betreft, kruis geen twee dikke lijnen en probeer niet te veel in één kleine ruimte te proppen.

Er zijn vijf ideale plekken om versieringen toe te voegen.

Oplopende lus
op letters als b, d, f, h, k en l.

Het einde van een woord

Dalende lus
op letters als f, g, j, p, y en z.

Onder een woord

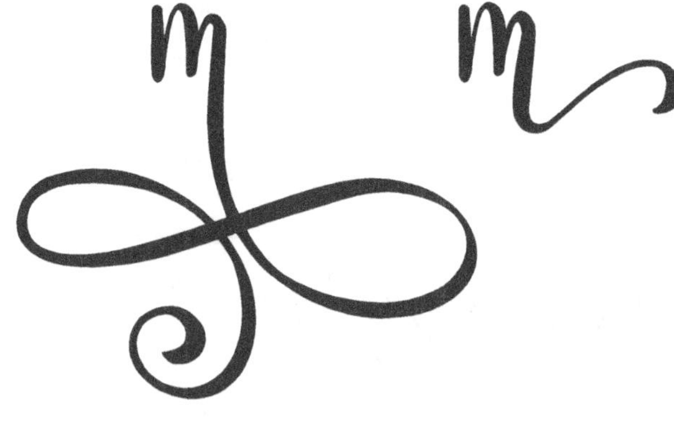

Dwarsbalken

Op de volgende bladzijden kun je een aantal verschillende versieringen oefenen. Om het eenvoudig te houden, oefen je met een potlood of pen in een monoline stijl. Naarmate je hier meer handigheid in krijgt, kun je lijnvariaties gaan maken met een penseelpen of een ander type kwast.

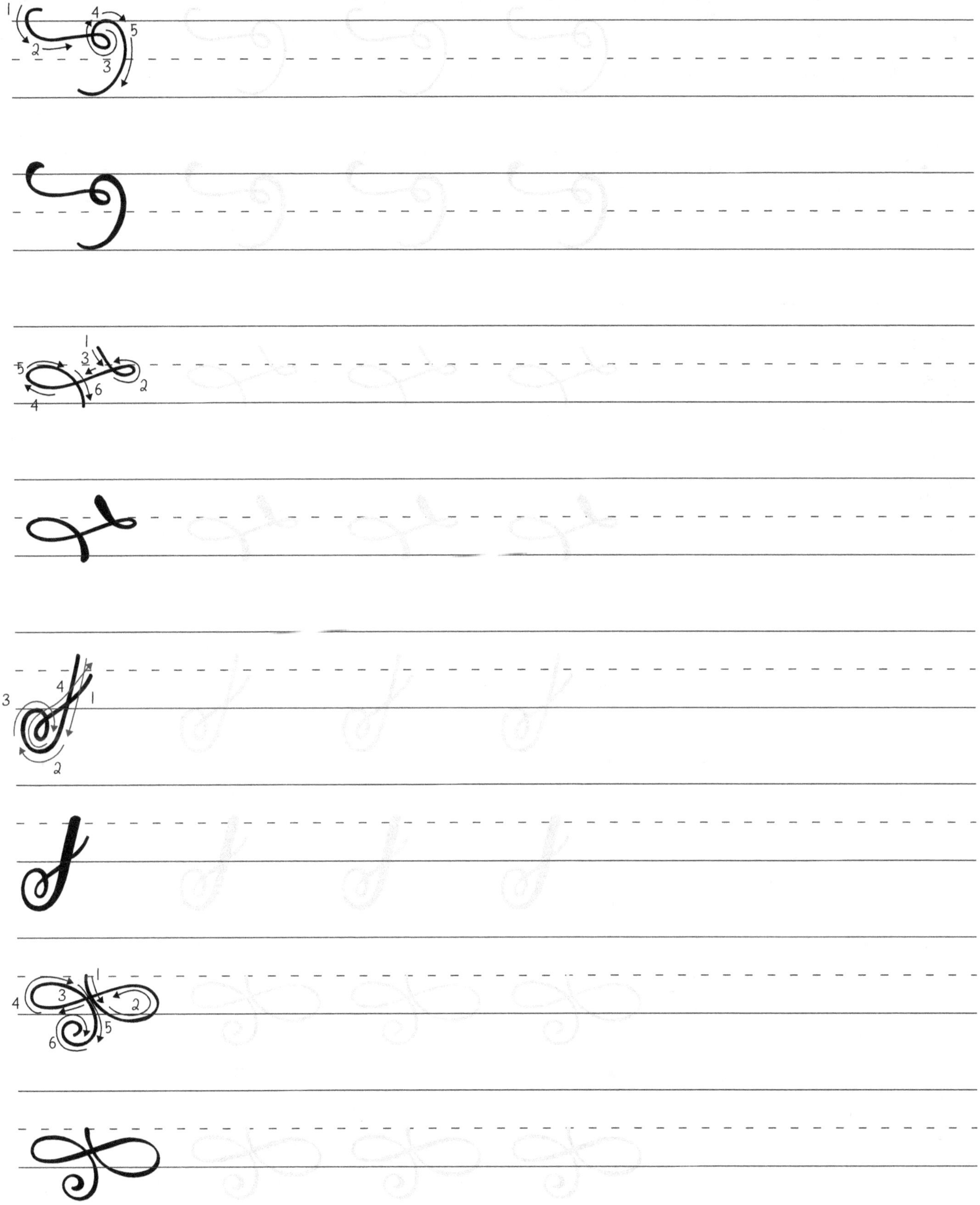

FLOURISHES

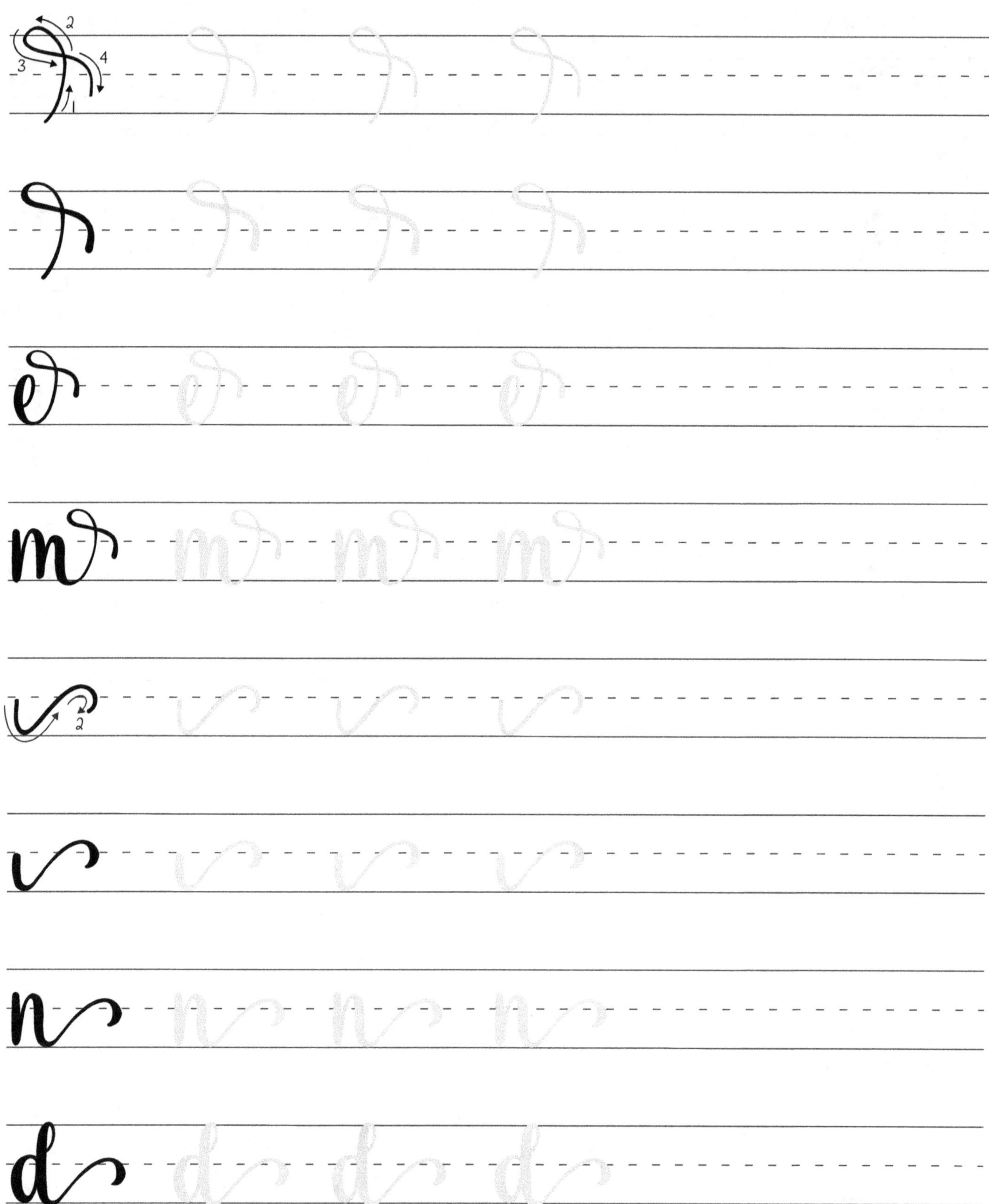

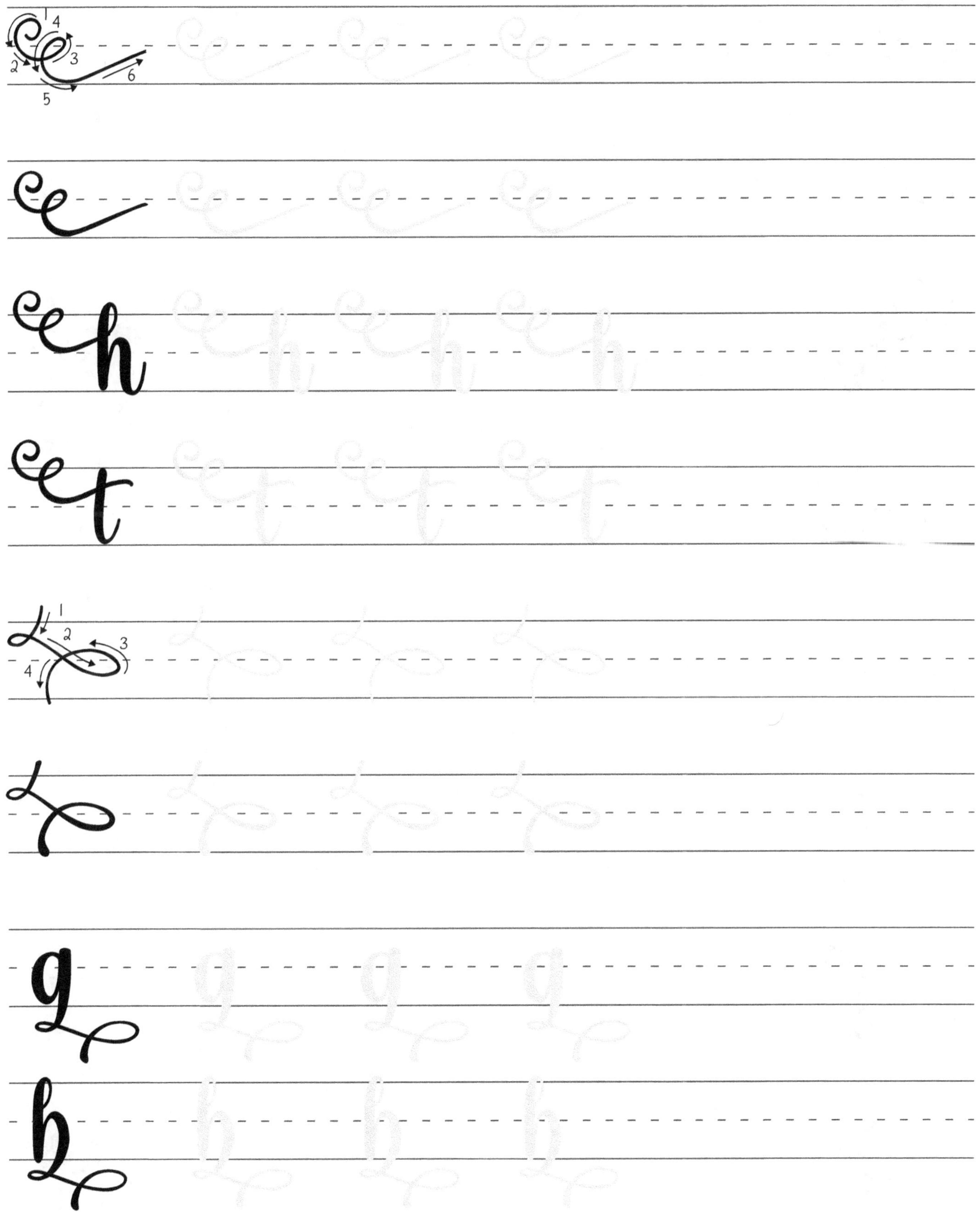

FLOURISHES

Sans Serif

Sans serif is een leuk lettertype om te leren en een geweldige aanvulling op je vaardigheden! Je kunt alles aan de letter variëren - maak hem smal of breed, lang of juist kort - en je krijgt telkens een ander uiterlijk. Hij is heel minimaal en netjes en wordt het best gebruikt naast andere, meer vloeiende stijlen, om zo contrast te bieden. Sans serif ziet er heel eenvoudig, voor zichzelf sprekend en vet uit.

Aa Bb Cc Dd Ee Ff
Gg Hh Ii Jj Kk Ll
Mm Nn Oo Pp Qq Rr
Ss Tt Uu Vv Ww Xx
Yy Zz

Sans serif kan worden getekend met bijna elk tekenmateriaal - alles wat een schone en consistente lijn geeft is het beste. Pennen en markeerstiften zijn, zoals gebruikelijk, de meest gebruikte opties, maar potloden, kleurpotloden en krijtjes zijn ook goede middelen.

GEBRUIK DE VOLGENDE PAGINA'S OM JE SANS SERIF TE OEFENEN!

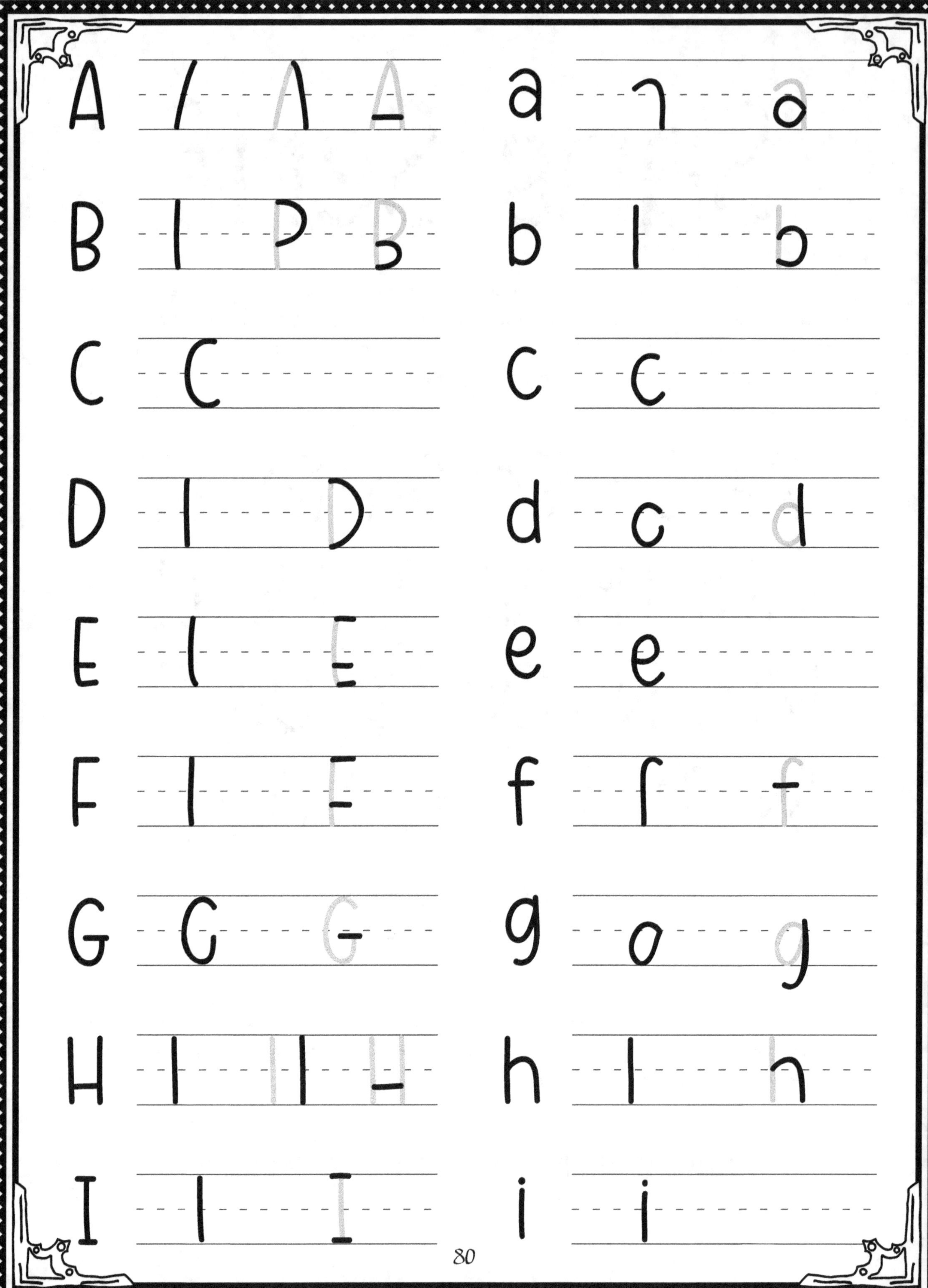

Aa   Aa   Aa

Bb   Bb   Bb

Cc   Cc   Cc

Dd   Dd   Dd

Ee   Ee   Ee

Ff   Ff   Ff

Gg   Gg   Gg

Hh   Hh   Hh

Ii   Ii   Ii

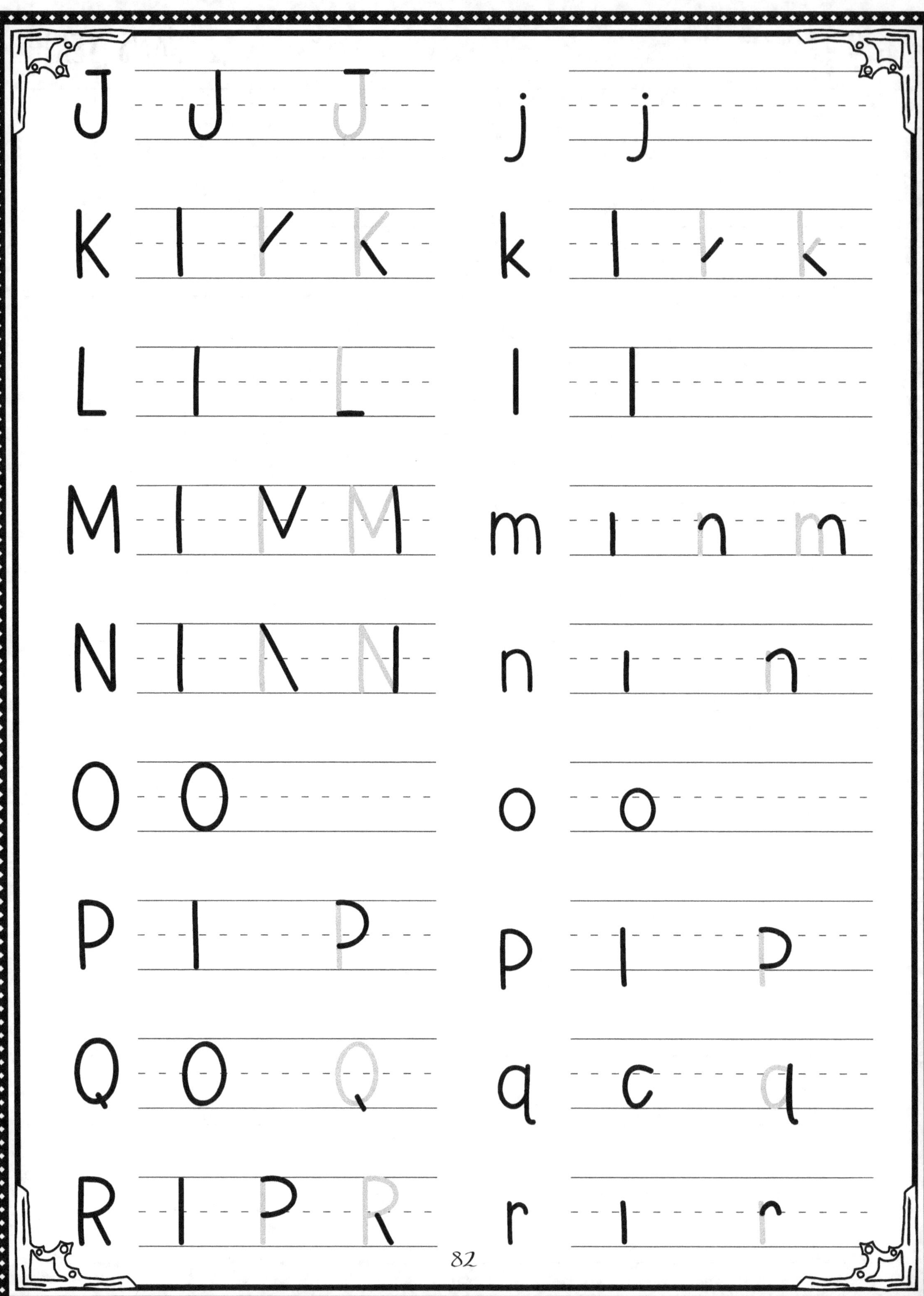

J J J J j j j
K K K K k k k k
L L L L l l
M M M M m m n m
N N N N n n n
O O O o o o
P P P P p p p p
Q Q O Q q c q
R R P R r r r

Jj   Jj   Jj
Kk   Kk   Kk
Ll   Ll   Ll
Mm   Mm   Mm
Nn   Nn   Nn
Oo   Oo   Oo
Pp   Pp   Pp
Qq   Qq   Qq
Rr   Rr   Rr

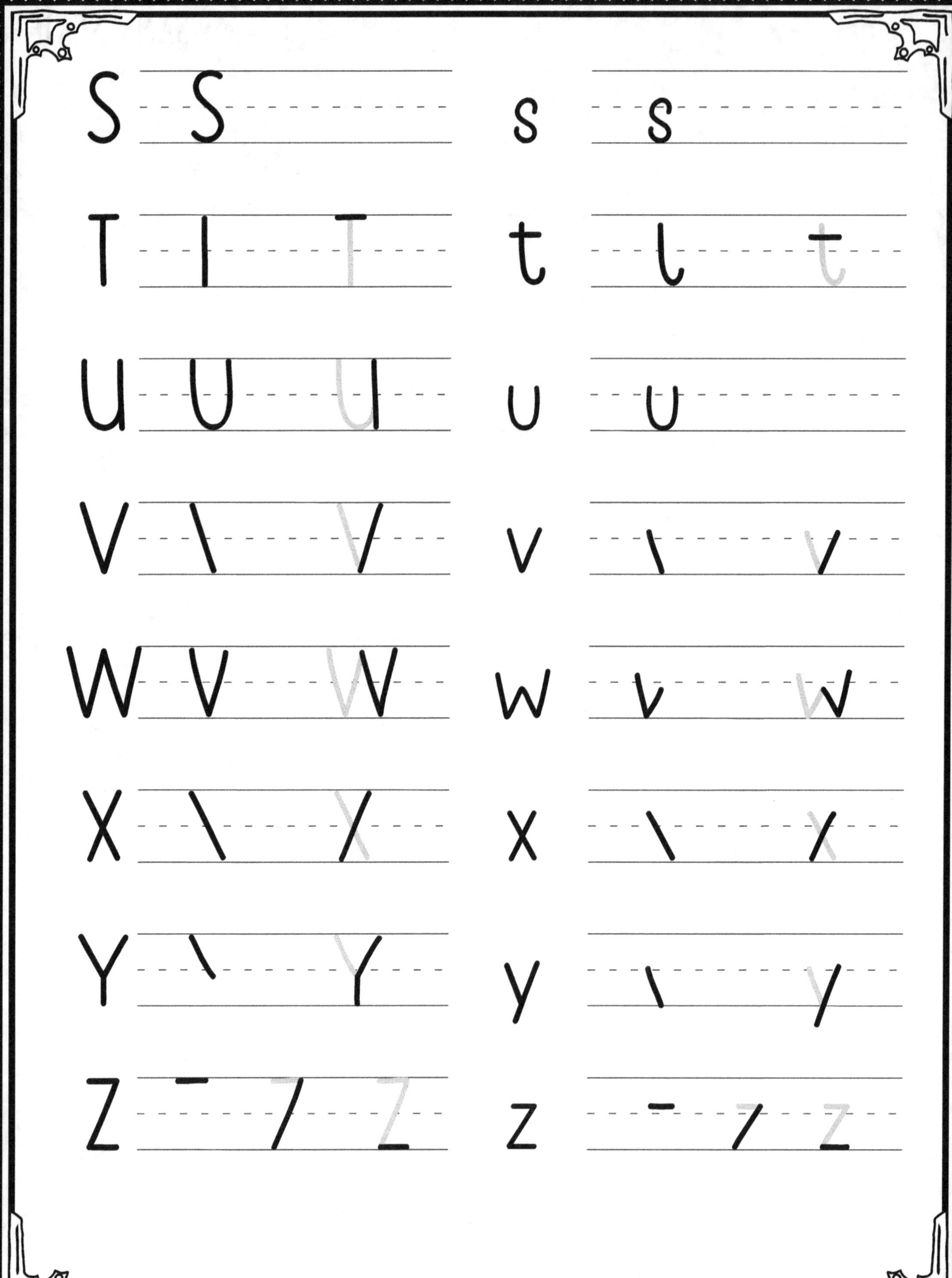

Ss Ss Ss

Tt Tt Tt

Uu Uu Uu

Vv Vv Vv

Ww Ww Ww

Xx Xx Xx

Yy Yy Yy

Zz Zz Zz

Oefen hier!

SERIF

Serif heeft dezelfde basisbouwstenen als sans serif, maar kan er heel anders uit zien. Bij serif worden kleine lijnen toegevoegd, die van de letter afkomen, voor meer visueel belang. Serif lijkt normaal gesproken meer op een typemachinelettertype en is iets moeilijker dan sans serif.

De materialen die het best gebruikt kunnen worden zijn vrijwel dezelfde als bij sans serif. Pennen en markeerstiften zijn uitstekend geschikt. Elk tekenmateriaal dat met precisie kan worden gebruikt is het beste, omdat je dan de juiste maten en consistenties in de extra lijnen kunt bereiken.

Aa Bb Cc Dd Ee Ff
Gg Hh Ii Jj Kk Ll
Mm Nn Oo Pp Qq Rr
Ss Tt Uu Vv Ww Xx
Yy Zz

Om serif te tekenen ga je putten uit een heleboel vaardigheden die je al geleerd hebt. Zorg ervoor dat je alles wat hiervoor kwam onder de knie hebt. Laten we nu eens kijken naar hoe je het alfabet schrijft, beginnend met een a.

a a a a **a**

1. Begin met het schrijven van je letter in een sans serif. Houd het eenvoudig en monoline!

2. Voeg gewicht toe aan de lijn aan de onderkant en maak de lijnen omlaag handmatig dikker, net als bij faux kalligrafie.

3. Voeg aan beide zijden van de onderkant van de letter de extra lijnen toe - de serifs.

4. Vul de letter in. Je hebt nu een serif a!

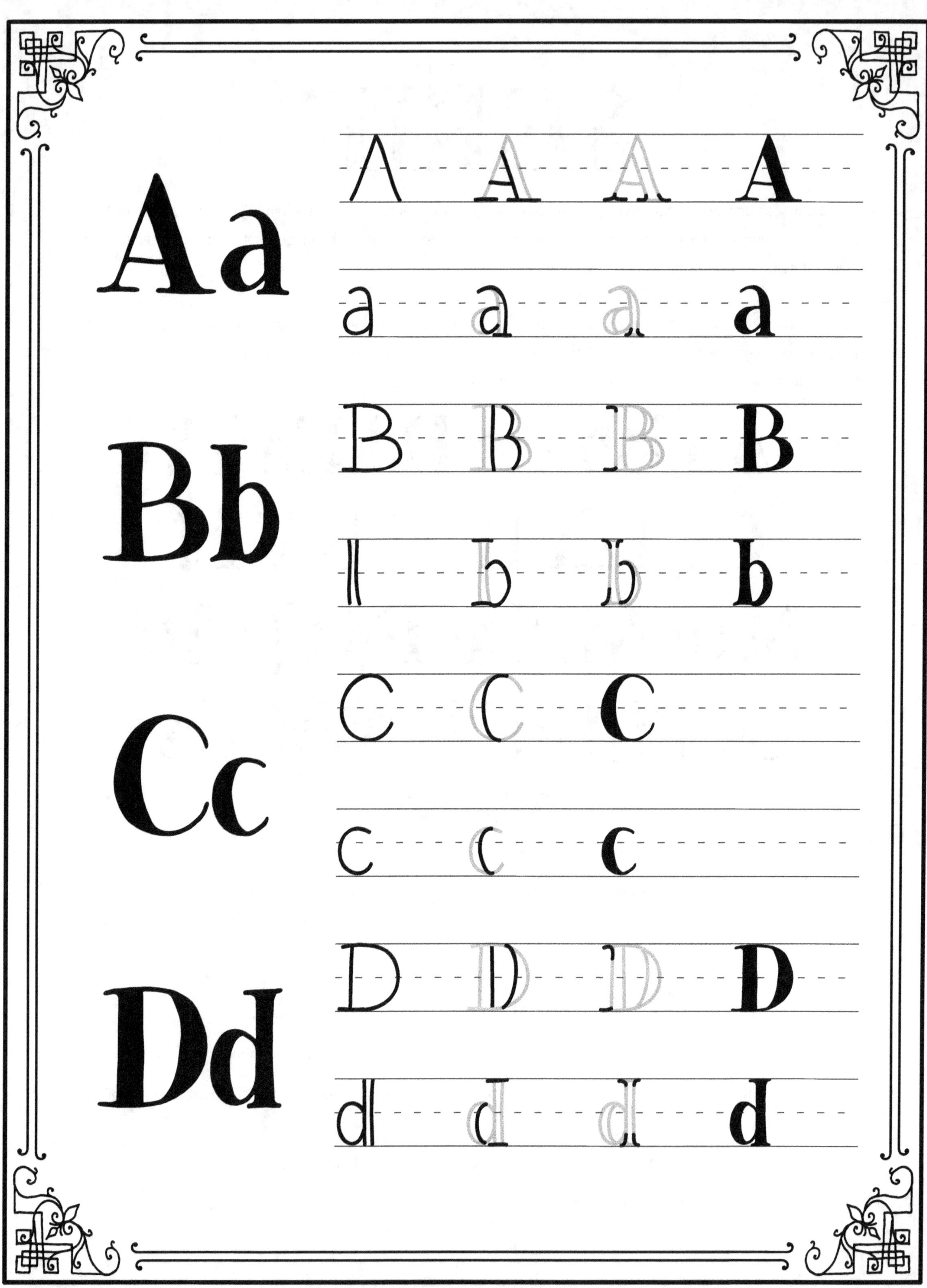

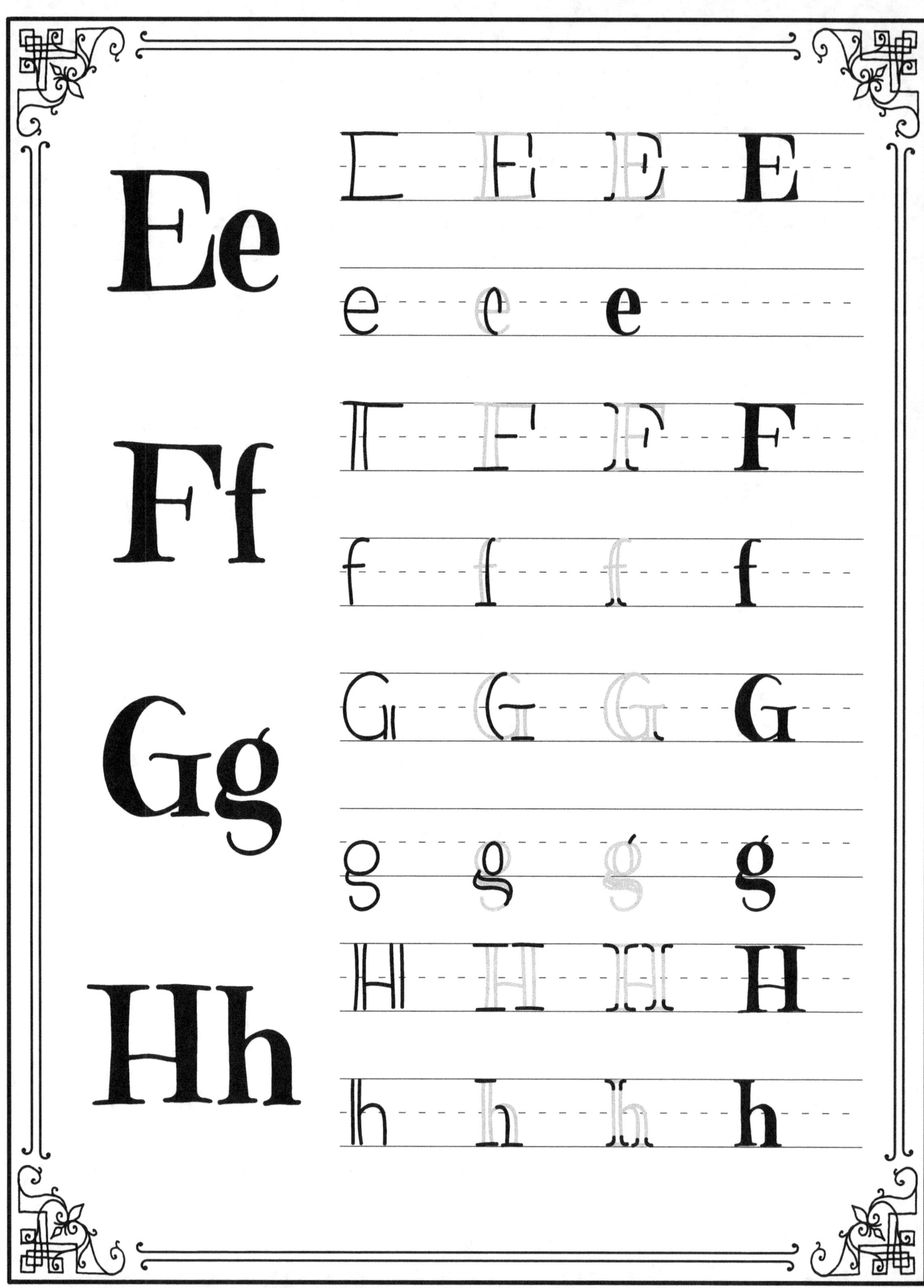

Ee
Ff
Gg
Hh

Ee Ee Ee Ee Ee Ee

Ee

Ff Ff Ff Ff Ff Ff

Ff

Gg Gg Gg Gg Gg Gg

Gg

Hh Hh Hh Hh Hh Hh

Hh

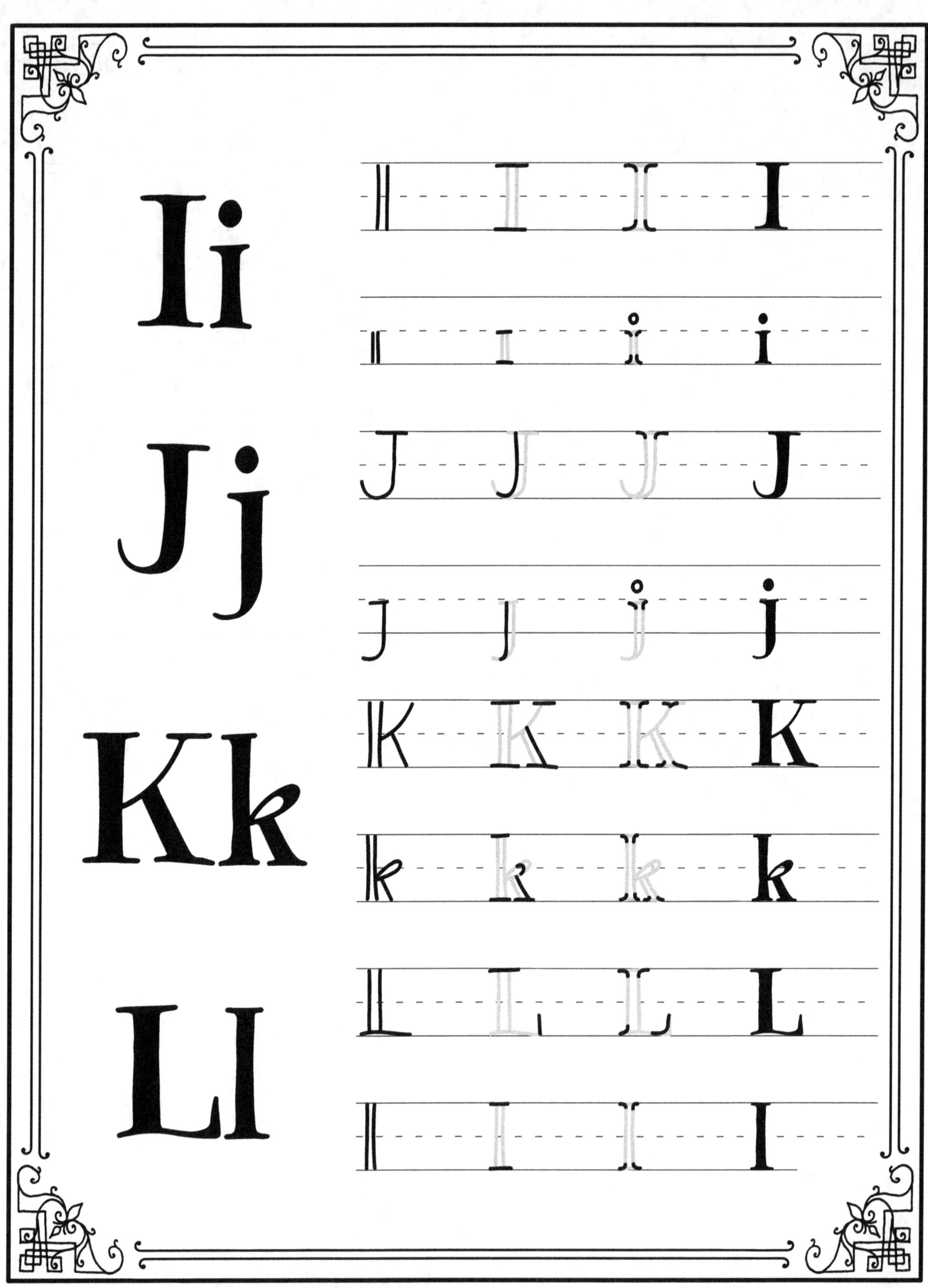

Li Li Li Li Li Li

Li

Jj Jj Jj Jj Jj

Jj

Kk Kk Kk Kk Kk Kk

Kk

Ll Ll Ll Ll Ll

Ll

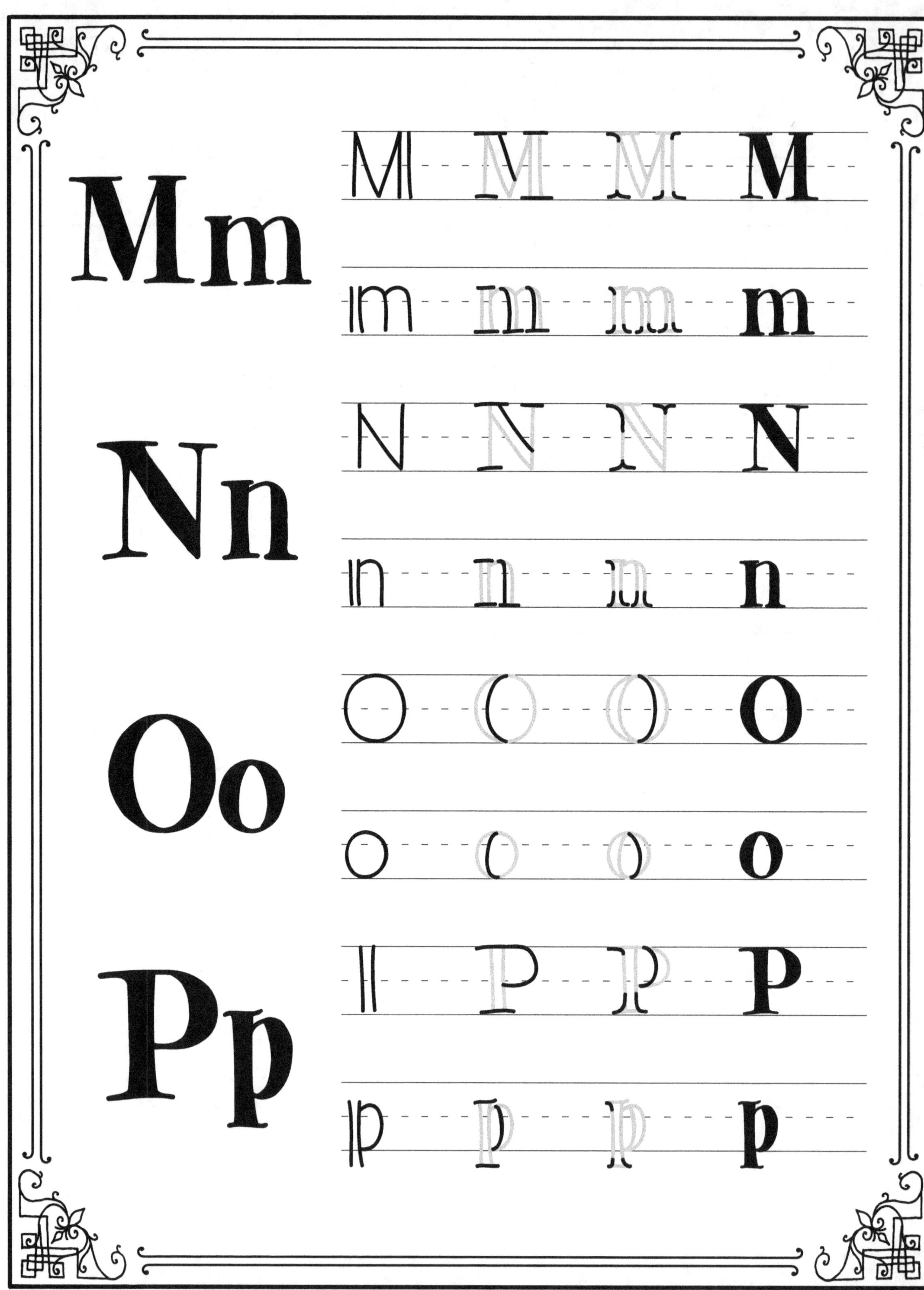

M
Mm
M M M M
m m m m
N
Nn
N N N N
n n n n
O
Oo
O O O O
o o o o
P
Pp
P P P P
p p p p

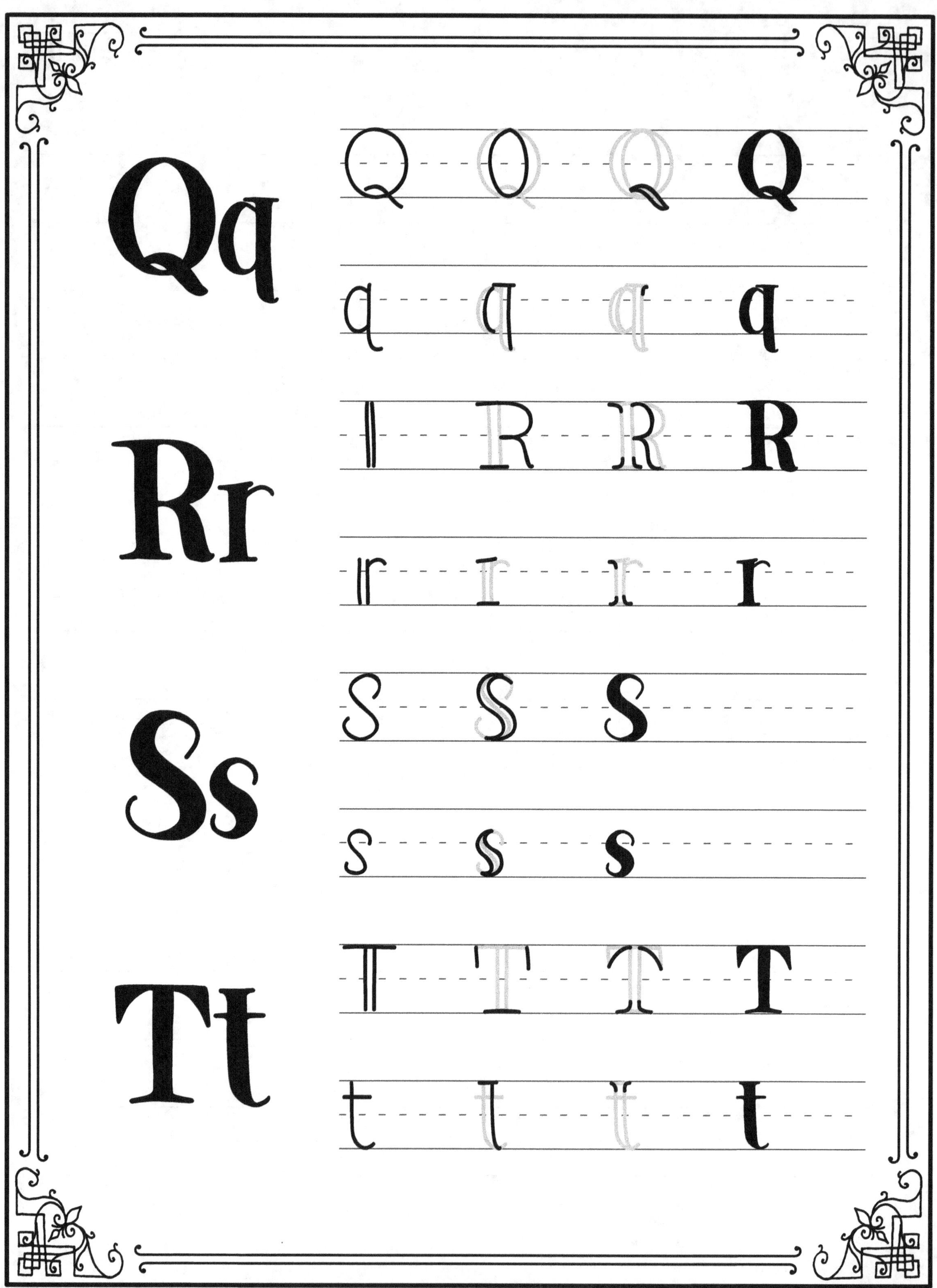

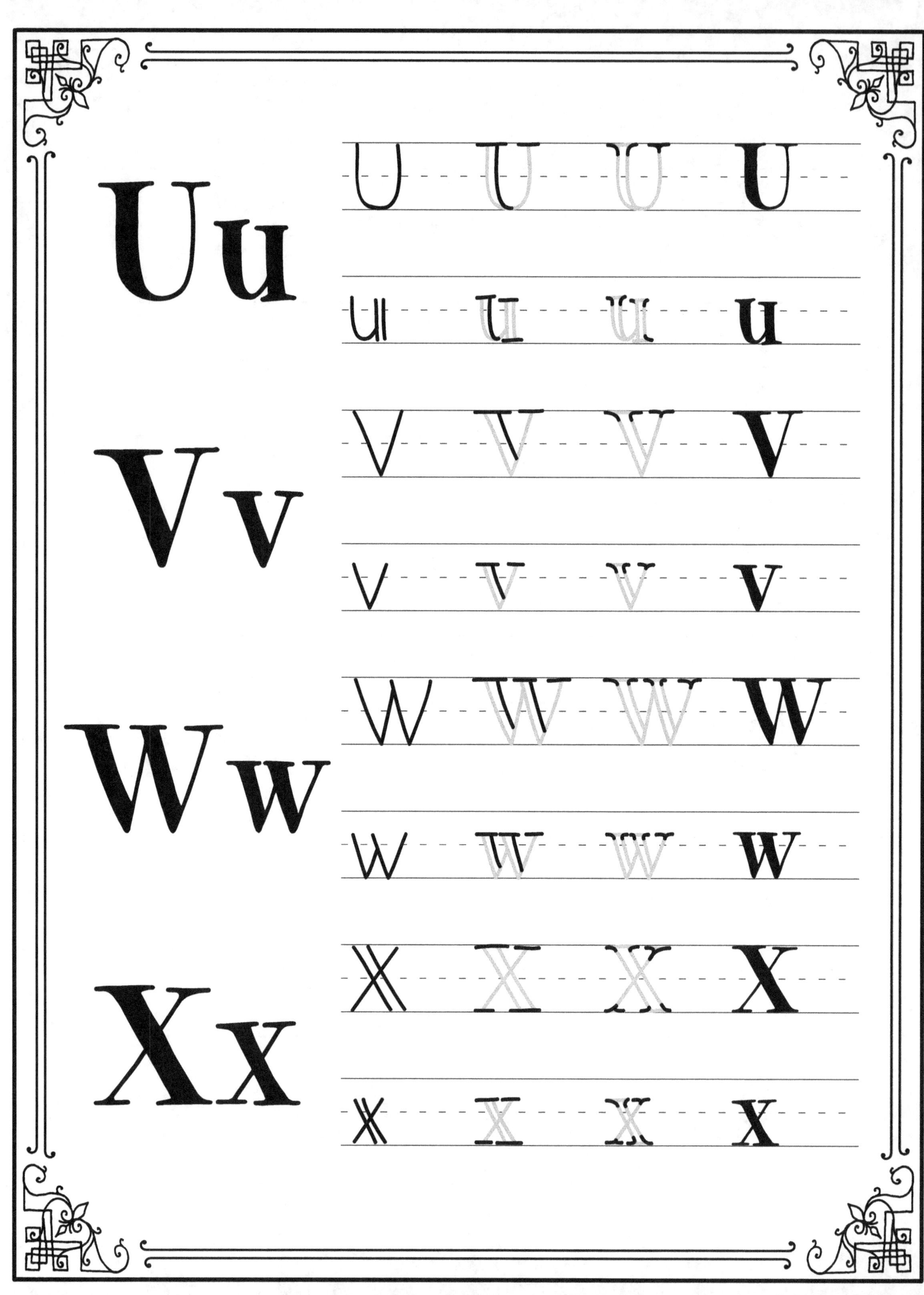

Yy

Zz

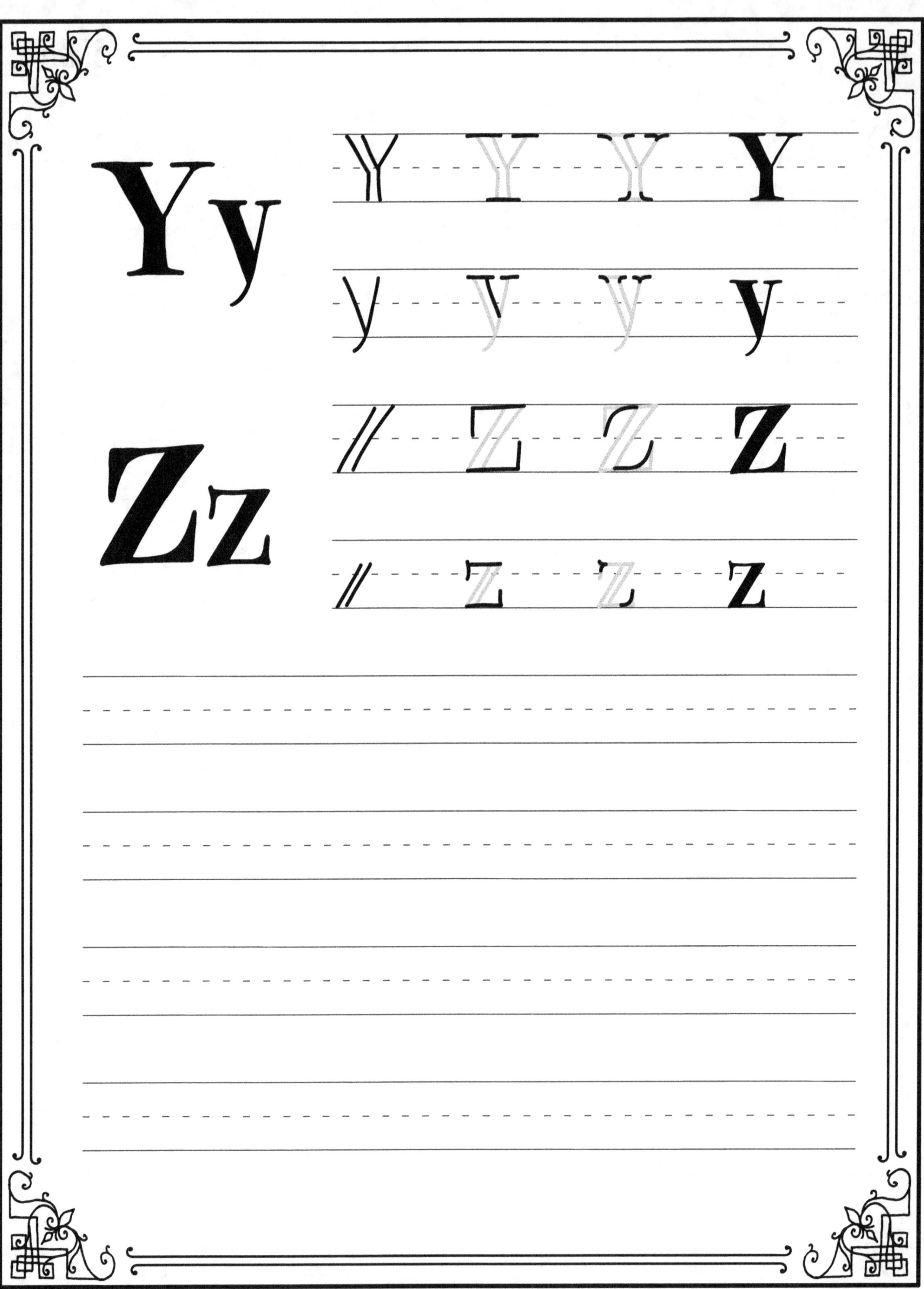

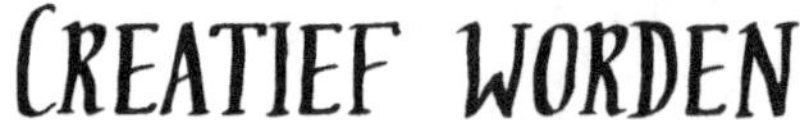

Serif is een zeer flexibel lettertype en er zijn veel verschillende manieren om het uniek te maken. Dit zijn slechts enkele manieren om met het lettertype te variëren.

KRULLEN TOEVOEGEN

Aa Bb Cc Dd

LIJNEN GEBRUIKEN

Ee Ff Gg Hh

OMLIJNEN

Ii Jj Kk Ll

PUNTEN TOEVOEGEN

Mm Nn Oo Pp

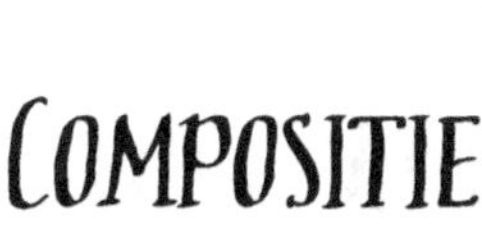

COMPOSITIE

Compositie is de combinatie van letters met andere elementen om een compleet ontwerp te maken. Het vergt veel planning en precisie, dus een liniaal en potlood zijn goede hulpmiddelen om bij de hand te hebben! Versieringen, blokken en letterstijlen spelen hierbij allemaal een rol.

Je eigen letterontwerpen samenstellen kan overweldigend zijn en moeilijk lijken als beginner, maar maak je geen zorgen! Er zijn geen vaste regels en experimenteren wordt ten zeerste aangemoedigd. Er zijn echter enkele richtlijnen die kunnen helpen om je werk tot een succes te maken. Dit gedeelte zal je door die regels leiden.

LETTERSTIJLEN COMBINEREN

Bij het ontwerpen zul je vaak verschillende letterstijlen gebruiken om meer interesse te creëren. Daar zijn geen vaste regels voor, maar er zijn wel enkele dingen die het gemakkelijker kunnen maken.

Dit kan in het begin moeilijk zijn, maar naarmate je oefent, wordt het veel gemakkelijker. Hou je in het begin aan de algemene regel - niet meer dan drie stijlen in één ontwerp - maar naarmate je meer ervaring krijgt, mag je die regel gerust negeren.

Bij het kiezen van stijlen geldt: ga op je gevoel af! Combineer wat goed voelt.

- Probeer tegenovergestelde stijlen te combineren, zoals kalligrafie en serif.
- Probeer verschillende soorten letters, voeg krullen toe, werk met versieringen, enz.
- Houd je in het begin aan een algemeen thema, zoals modern, casual, elegant, romantisch, enz. Maar naarmate je meer ervaring krijgt, kun je proberen ze te mengen.

HOE MAAK JE EEN ONTWERP VOOR HANDLETTEREN?

Als je aan een ontwerp begint, gebruik dan een potlood om te experimenteren. Kies de sleutelwoorden en teken ze op een paar verschillende manieren, met verschillende afmetingen, verschillende versieringen en zo verder! Het draait allemaal om experimenteren. Verander zoveel als je wilt; er is geen goede of foute manier.

Blocking, of schetsen is een onderdeel van het maken van een compositie en wordt later besproken. Blocking is bedoeld om alles op een evenwichtige manier neer te zetten, waar jij tevreden over kunt zijn. Je neemt een potlood en werkt alle randen en andere zaken in je ontwerp uit voordat je het tekent met de meer permanente schrijfmiddelen.

Nu gaan we kijken we naar versieringen. Deze bieden eenvoudige manieren om je ontwerp nog mooier te maken! Ze zijn ook geweldig om de ruimte te vullen en balans aan te brengen.

Versieringen

Laten we eens kijken naar versieringen. De hier getoonde versieringen zijn zeker niet de enige, maar ze zijn een goed uitgangspunt.

Bloemenelementen

Laten we beginnen met de bloemelementen. Het ontwerpen hiervan is opgedeeld in drie eenvoudige stappen om het voor jou gemakkelijker te maken.

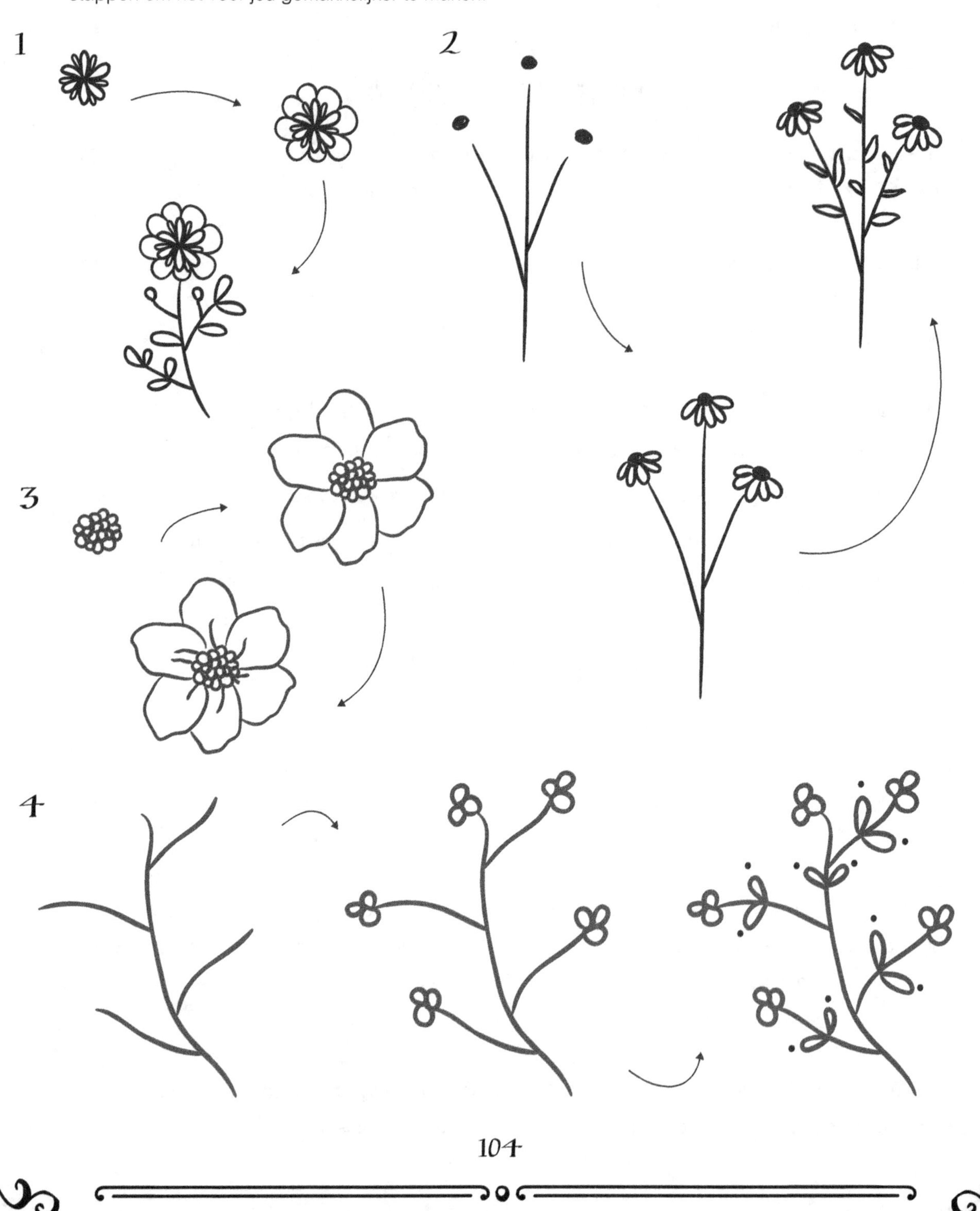

Meer inspiratie nodig? Hier zijn een paar op bloemen geïnspireerde ontwerpen om je op weg te helpen. Je kunt het driestappenprincipe als hulp gebruiken: kijk wat je wilt tekenen en verdeel het in een paar eenvoudige stappen.

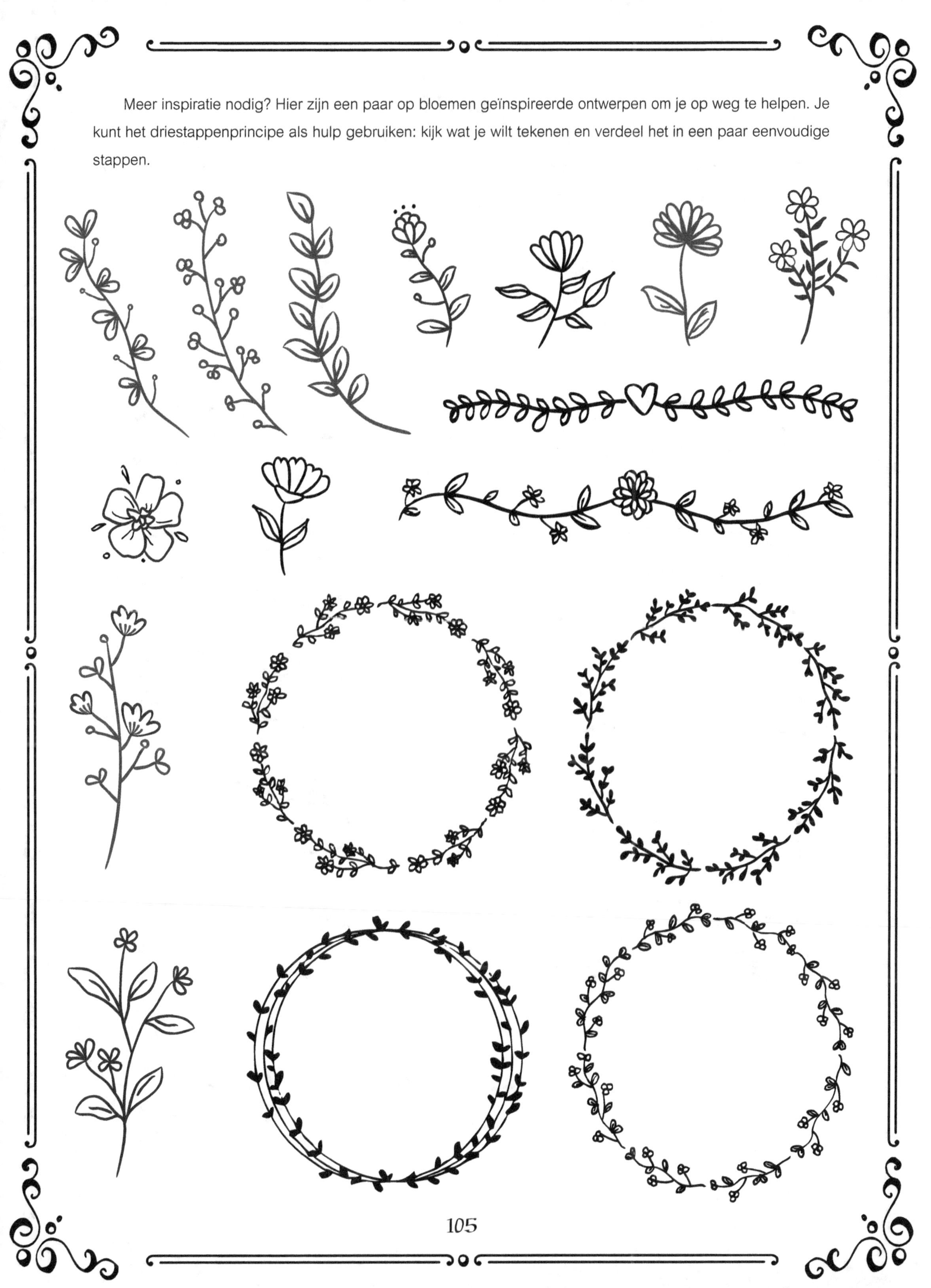

Banners

Banners zijn ook een nuttige versiering. Ze zijn ideaal om woorden te omcirkelen die je wilt benadrukken of om een omlijsting te maken voor je ontwerp.

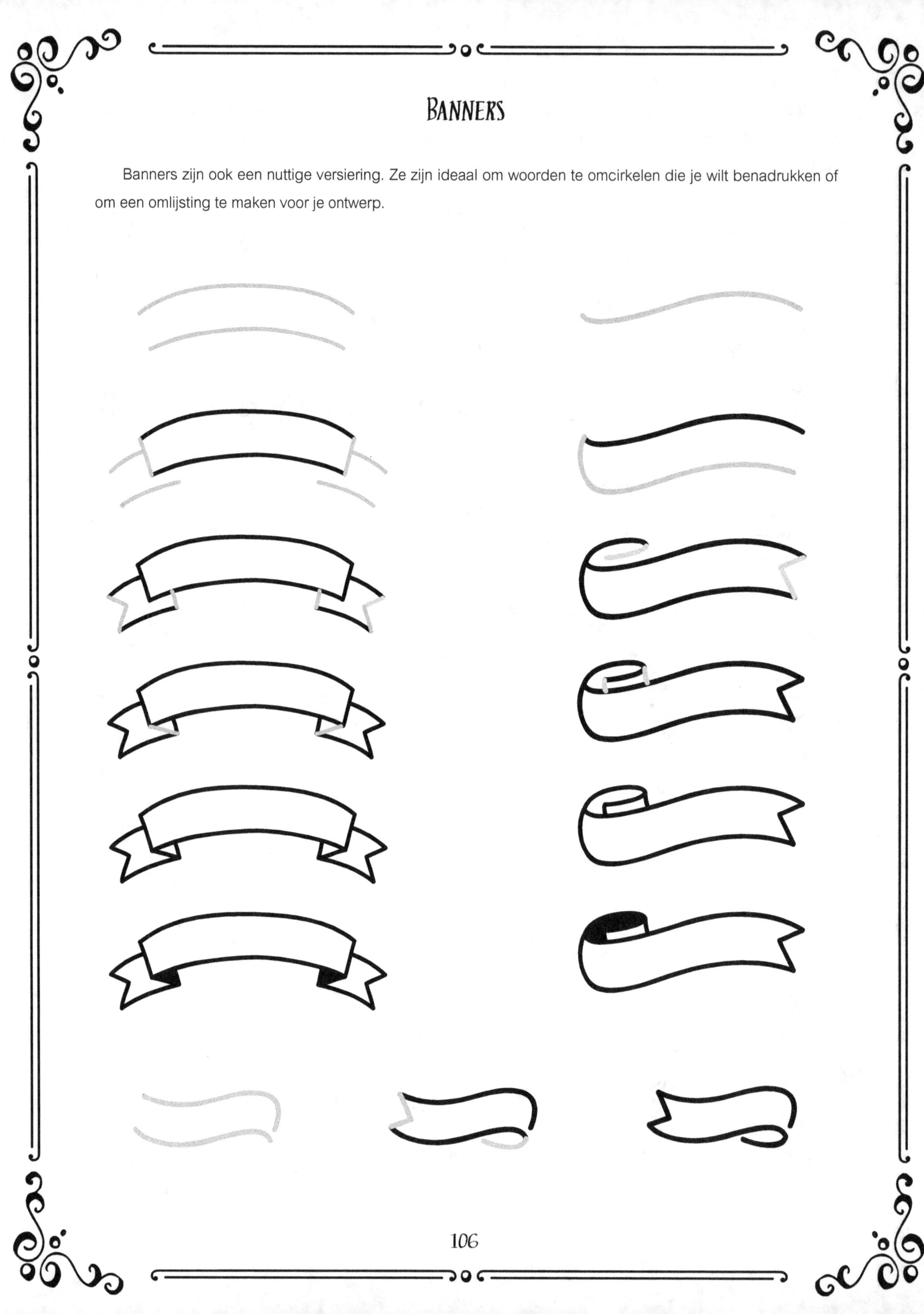

Je kunt ook verschillende details aan jouw banner toevoegen.

- Teken een basis banner.
- Voeg wat schaduwlijnen toe. Hou ze zwaar in de uiteinden en licht in de banner zelf. Zorg ervoor dat je alleen lijnen toevoegt aan de randen van de banner, zodat het midden van de banner leeg blijft voor letters.

VERDELERS

Een ander nuttig hulpmiddel zijn de verdelers. Ze worden in ontwerpen gebruikt om woorden te scheiden of als rand. Hier zijn enkele voorbeelden, maar zoals altijd staat het je vrij om je eigen voorbeelden te bedenken.

ANDERE VERSIERINGEN EN ORNAMENTEN

Extra versieringen of ornamenten zijn zeer geschikt om ruimte in ontwerpen op te vullen of om jouw compositie in evenwicht te brengen. Dit zijn er een paar.

Blocking of schetsen

Nu je elk individueel aspect van het letteren hebt geleerd, is het tijd om het allemaal samen te voegen!
Hier komt het schetsen om de hoek kijken.

1 Neem eerst de zin die je wilt schrijven en zoek de belangrijke woorden. Probeer woorden te vinden
die een bijzondere betekenis hebben voor de zin, want die worden gemarkeerd.

Happiness is not a destination, it's a way of life

(Happiness is not a destination, it's a way of life - Geluk is geen bestemming, het is een manier van leven.)

2 Bedenk een paar verschillende composities door het citaat in verschillende vormen te rangschikken,
zoals bijvoorbeeld door middel van bogen, bruggen of driehoeken. Er zijn nog veel meer vormen waarmee
je kunt spelen. Bekijk de vormen hieronder om ideeën op te doen. Je kunt zoveel of zo weinig mogelijkheden proberen als je wilt. Maak je geen zorgen over hoe het er mooi of gelijkmatig uit moet zien - dit zijn
slechts ideeën om inspiratie op te doen!

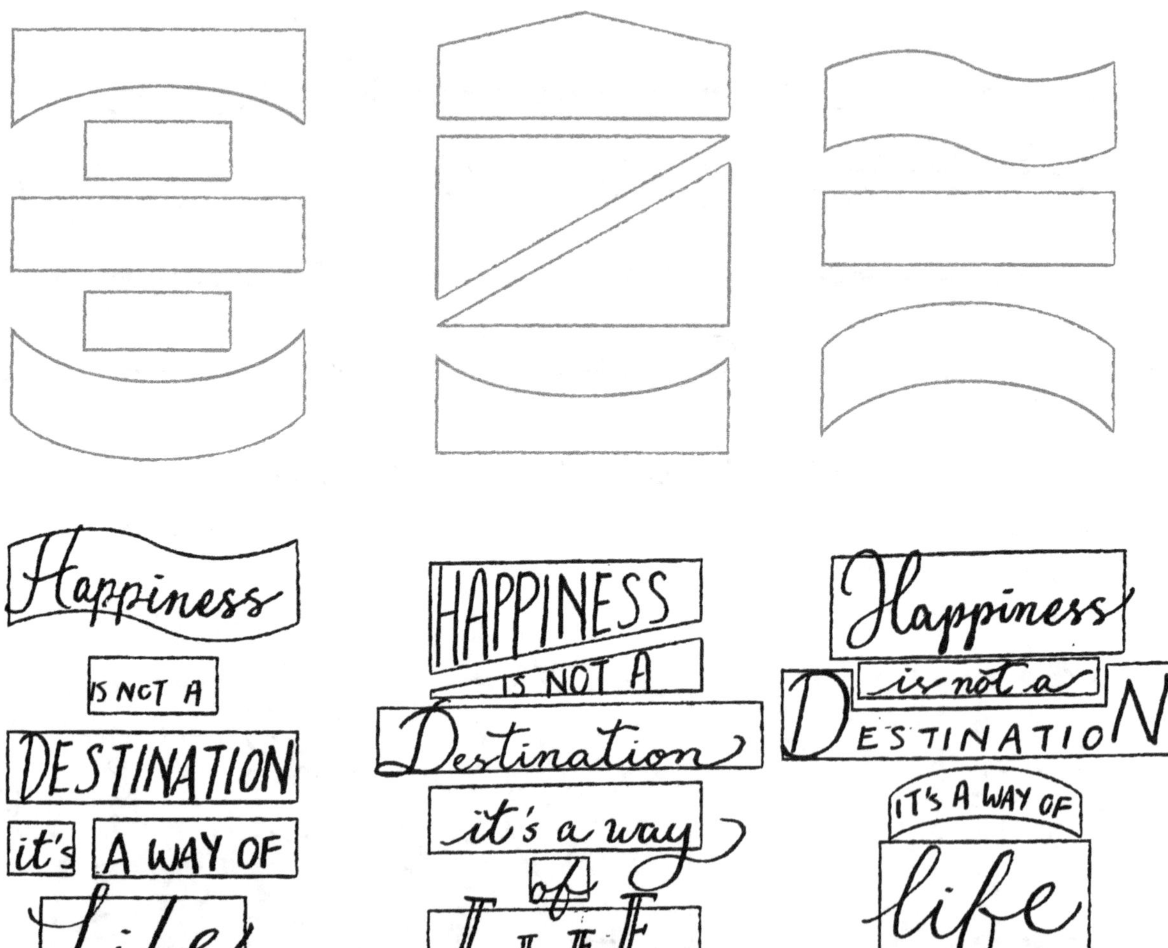

3 Als je een paar ideeën hebt geschetst, kies dan je favoriet. Gebruik een potlood, een liniaal en een nieuw stuk papier om het opnieuw te tekenen, zodat alles consistent en gelijkmatig is. Voeg eventueel richtlijnen toe - een middenlijn is vooral handig als je letters centreert. Als je naar rechts of links uitlijnt, voeg daar dan richtlijnen voor toe.

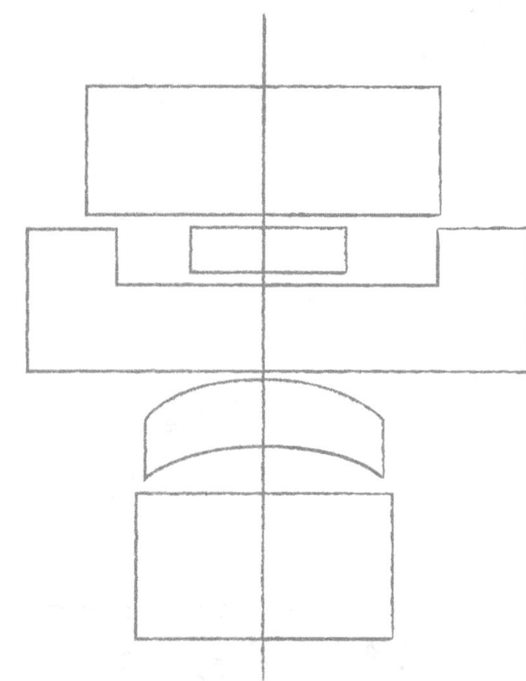

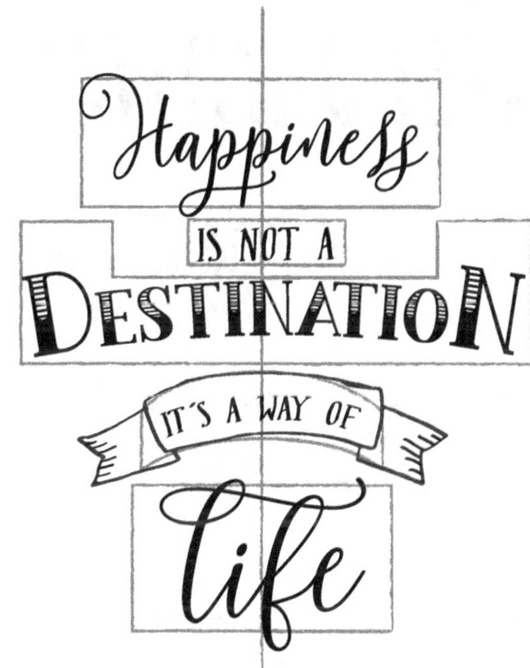

4 Letter het citaat in de respectievelijke blokken met de letterstijl van je voorkeur. Schets je ontwerp ook eerst met potlood, want misschien wil je wijzigingen aanbrengen tot je het perfecte ontwerp hebt gevonden!

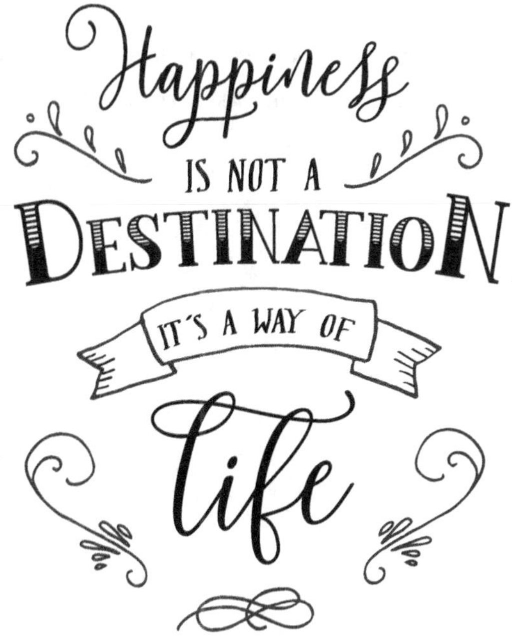

5 Voeg eventuele versieringen of bloemetjes toe en werk alles af met je laatste schrijfmateriaal. Wis alle richtlijnen of potloodstrepen die nog zichtbaar zijn. Dan is het nu tijd om het te vieren. Je hebt een compleet ontwerp!

Twaalf Dagen Handletter Uitdaging

Een belangrijk onderdeel van leren handletteren is veel oefenen. Het kan moeilijk zijn om door te gaan en je eigen ideeën te bedenken, dus dit deel is er om je te helpen nog meer vertrouwd te raken met alle aspecten van het handletteren.

Hoewel het een dagelijkse uitdaging is, is het begrijpelijk dat het leven je soms in de weg staat. Als dat gebeurt, doe het dan vooral rustig aan! Je hoeft niet het hele ontwerp in één dag te maken, maar oefen in ieder geval delen ervan of schrijf het citaat uit in één bepaalde letterstijl. Het belangrijkste is het opbouwen van een gewoonte om dagelijks te oefenen!

Elk citaat heeft een compleet ontwerp, een overtrekgids en ruimte om het zelf te tekenen. Sommige van de moeilijkere ontwerpen hebben ook extra overtrek- en oefenruimte.

Dag 1: Verlies nooit de hoop

Dit is een passende manier om te beginnen! Verlies de moed niet bij het oefenen: je wordt steeds beter als je een pen op papier zet!

Dit citaat wordt gekalligrafeerd, dus een harde pen of stift is het beste. Als je je heel zelfverzekerd voelt, kun je ook een penseelpen of andere kwast gebruiken.

Bij het schrijven hiervan is het gemakkelijker om eerst de sleutelwoorden "never" en "hope" te tekenen.

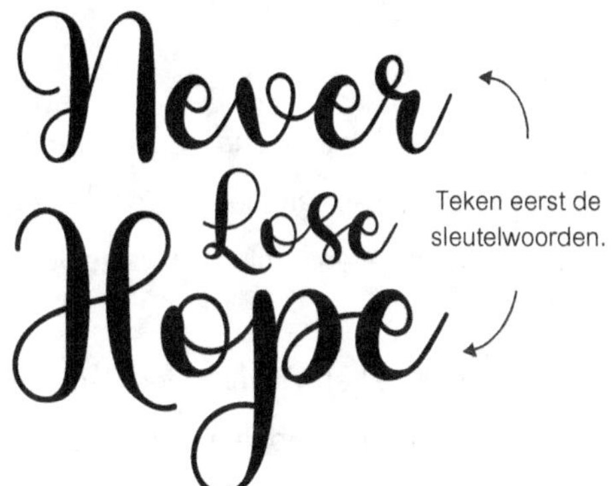

Trek het ontwerp hier over

Oefen hier nog eens!

Dag 2: Tel je zegeningen

Het citaat van vandaag wordt uitgevoerd in penseelletters. Let bij dit ontwerp op de variaties op de letters C̲ount y̲our B̲lessing̲s. Er is extra overtrek-en oefenruimte voor deze verschillen.

Maar als je het wilt veranderen, experimenteer dan vooral! Kies een ander sleutelwoord en probeer wat variaties je de techniek eigen te maken.

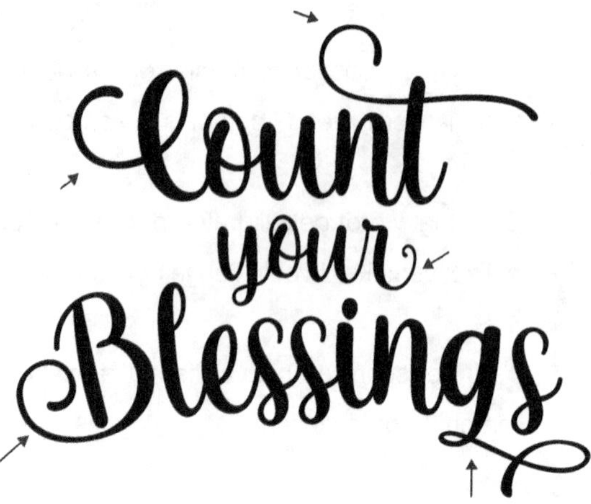

Let bij de variatie op waar de pijlen naartoe wijzen!

Trek het ontwerp hier over

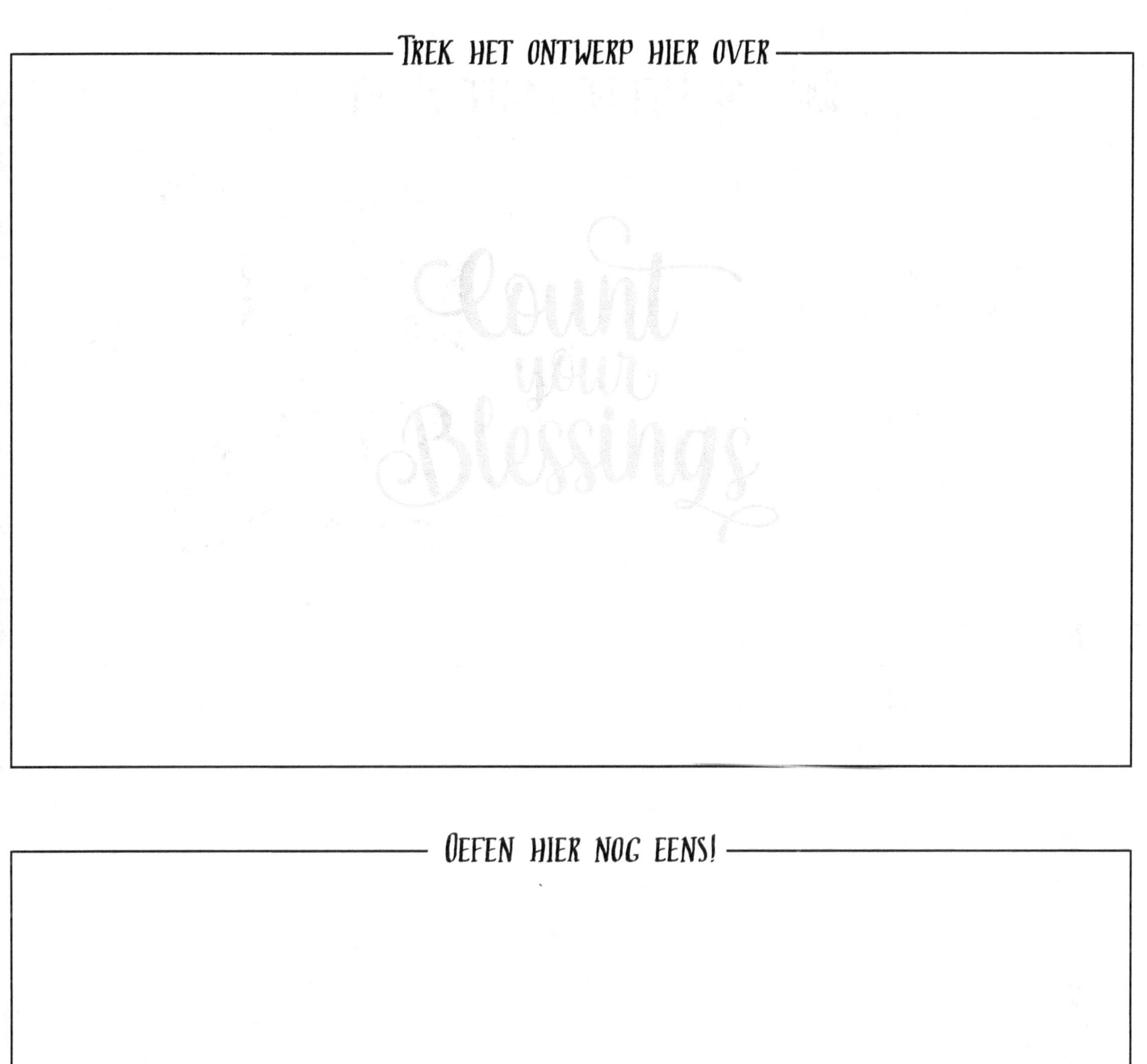
Count
your
Blessings

Oefen hier nog eens!

Dag 3: Liefde faalt nooit

Vandaag gebruiken we twee stijlen: serif en faux kalligrafie! Gebruik een goede pen of stift en houd een liniaal in de buurt om richtlijnen te tekenen. Merk op dat de serif font een kleine variatie heeft, waardoor delen van de letter krullen krijgen. Dit ontwerp heeft enkele ornamenten en andere extra's, maar je kunt alle versieringen toevoegen die je maar wilt.

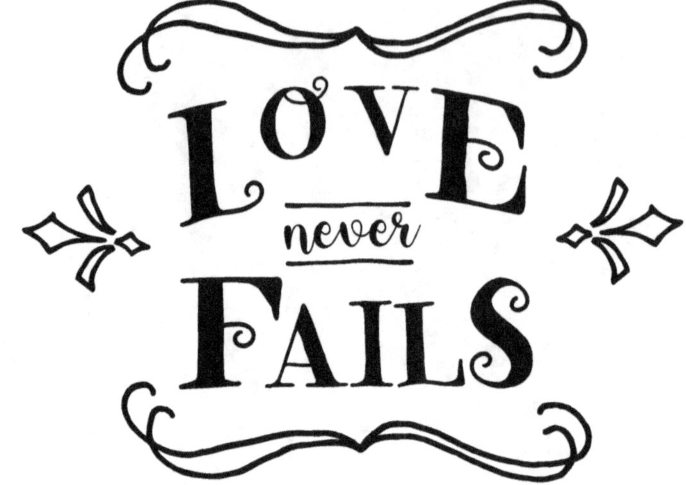

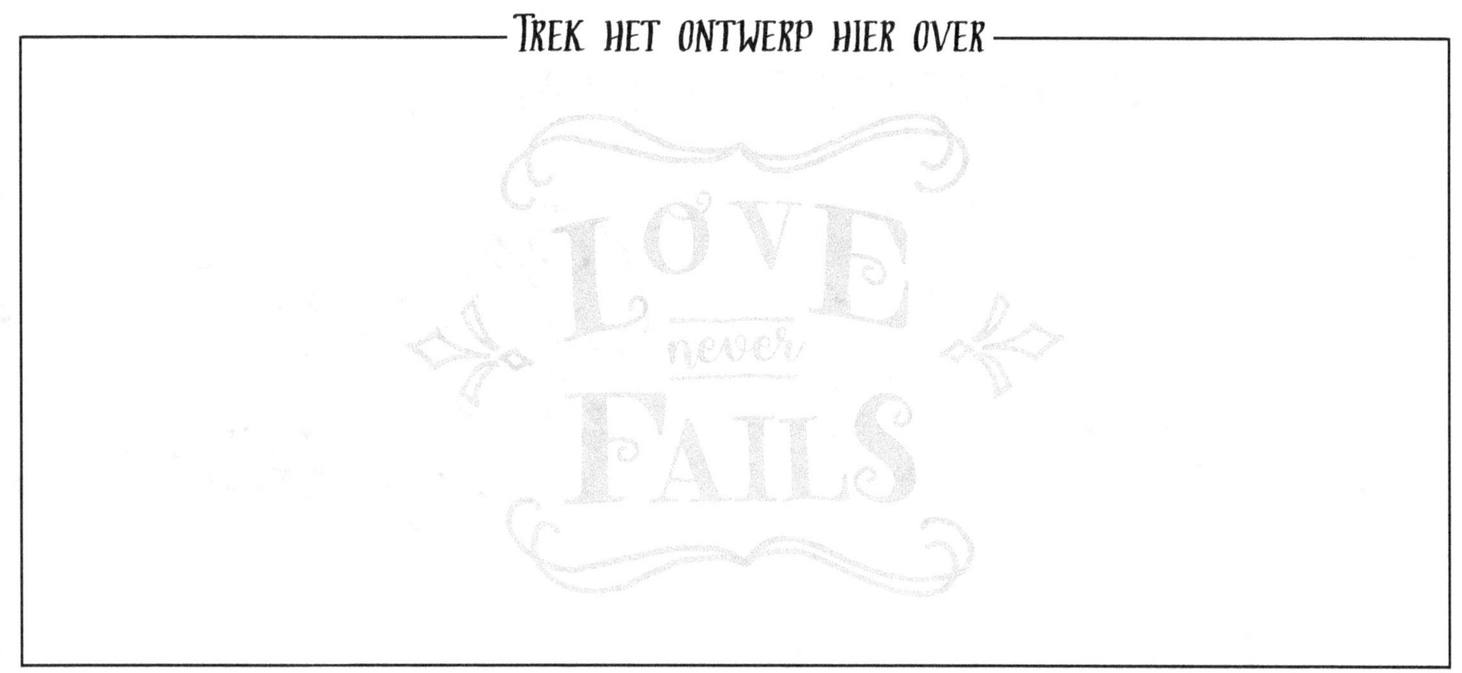

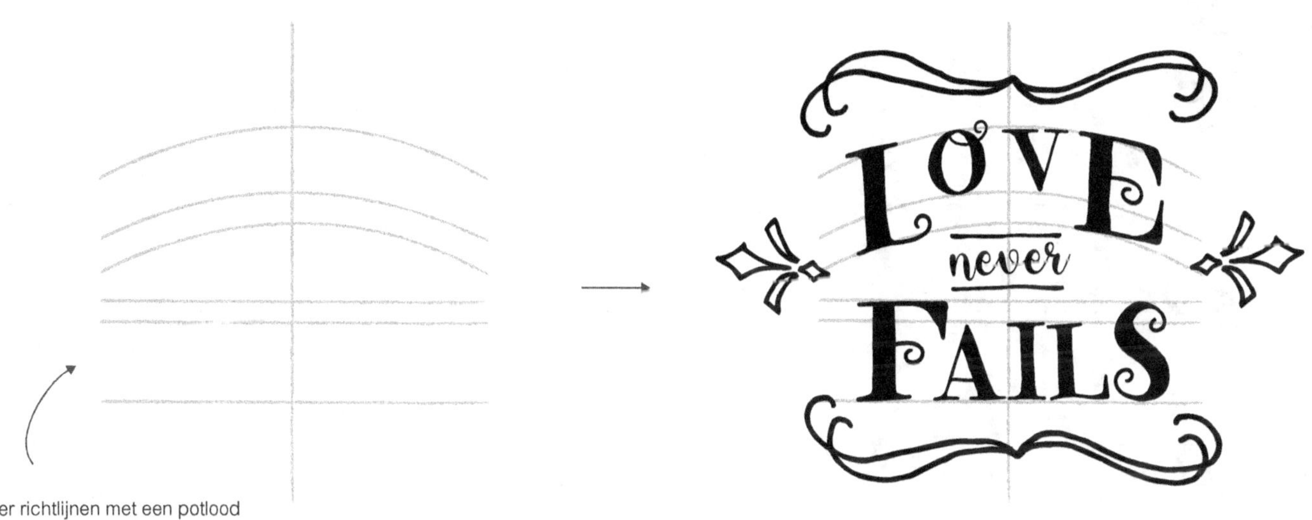

Teken er richtlijnen met een potlood onder om te helpen met je ontwerp.

OEFEN HIER NOG EENS!

Dag 4: Kies voor vriendelijkheid

De stijl van de dag is monoline! Gebruik een pen of stift die je een consistente lijn kan geven.

Het ontwerp is vrij eenvoudig, maar de extra versieringen kunnen lastig zijn. Blijf oefenen, en je hebt het zo onder de knie!

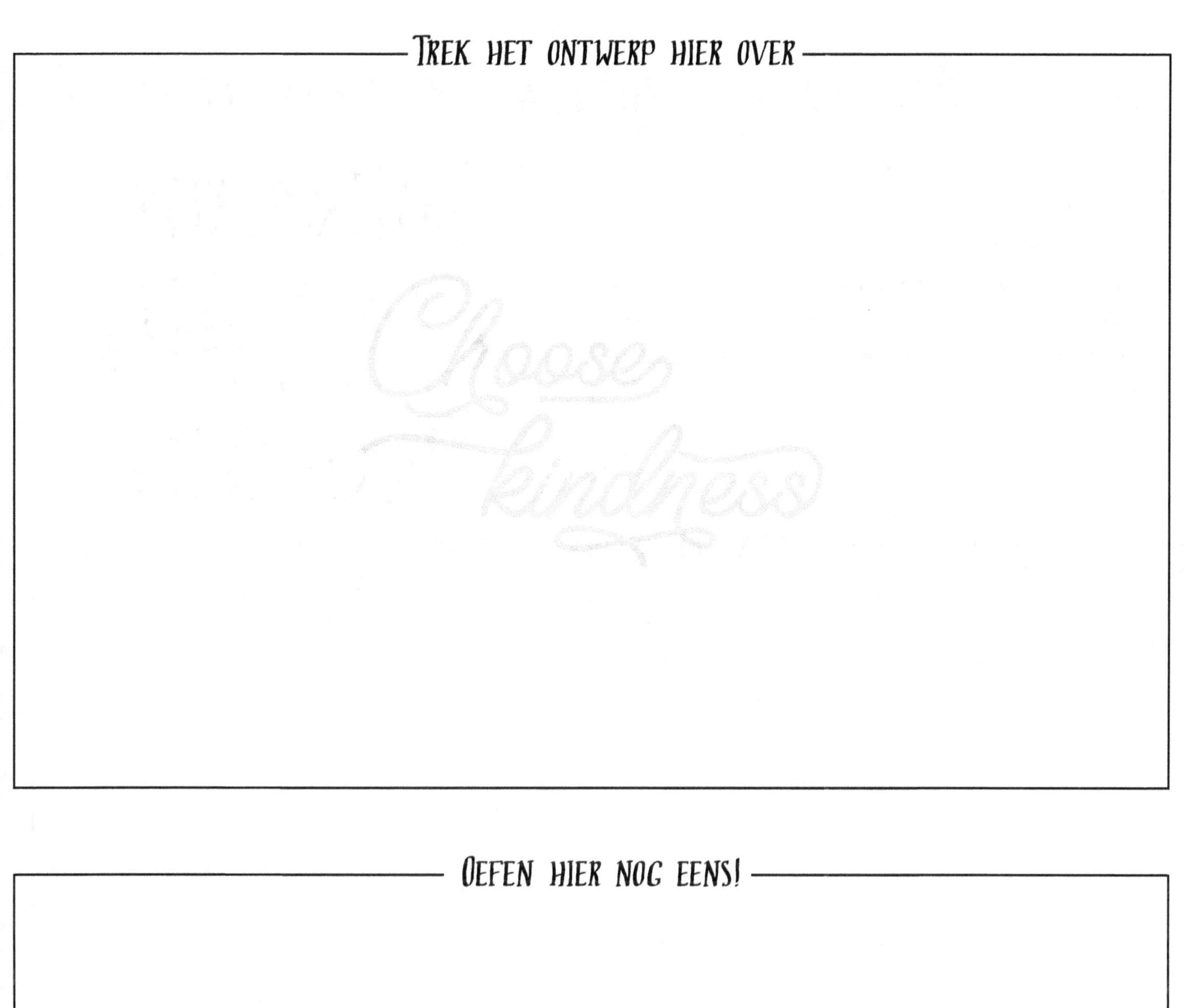

Oefen hier nog eens!

Dag 5: Streef naar vooruitgang, niet naar perfectie

Dit is een prachtige aanmaning! Dit ontwerp combineert sans serif en penseelletters, dus je hebt goed tekenmateriaal nodig, zoals een pen en een penseelpen of kwast. Vandaag bevat het ontwerp ook een banner, dus plan wat extra oefentijd in.

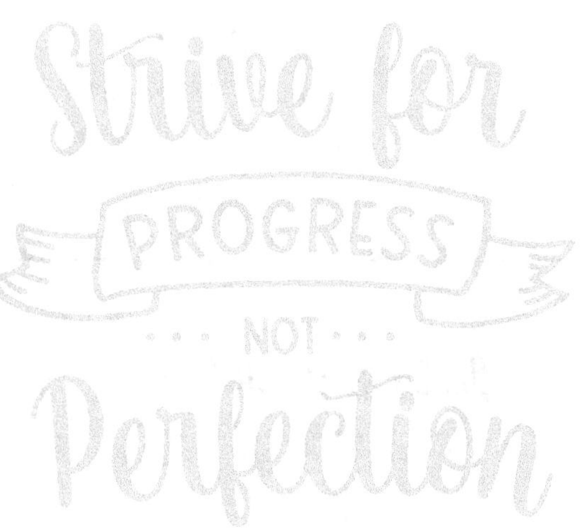

Trek het ontwerp hier over

Oefen hier nog eens!

Dag 6: Heb moed & wees aardig

Je bent halverwege! Het ontwerp van vandaag kun je doen in faux kalligrafie of penseelletteren, wat je maar wilt oefenen! Als je beide wilt oefenen, leg dan overtrekpapier op de pagina's en oefen twee keer!

Gebruik zoals altijd een pen of stift voor faux kalligrafie en een penseelpen of een kwast voor penseelletters. Als je dit citaat schrijft, teken dan eerst de sleutelwoorden "courage" en "kind" en schrijf de rest daaromheen.

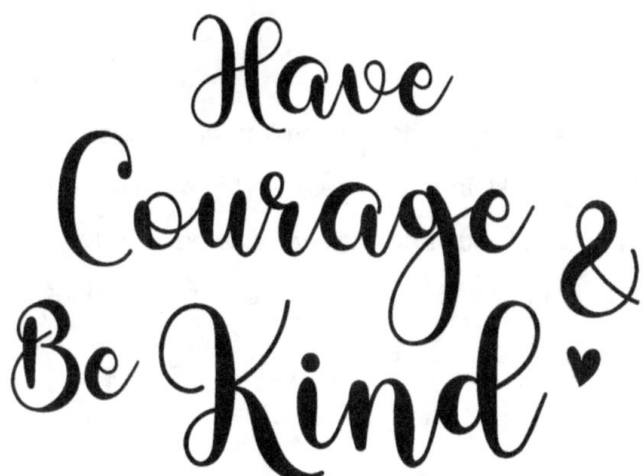

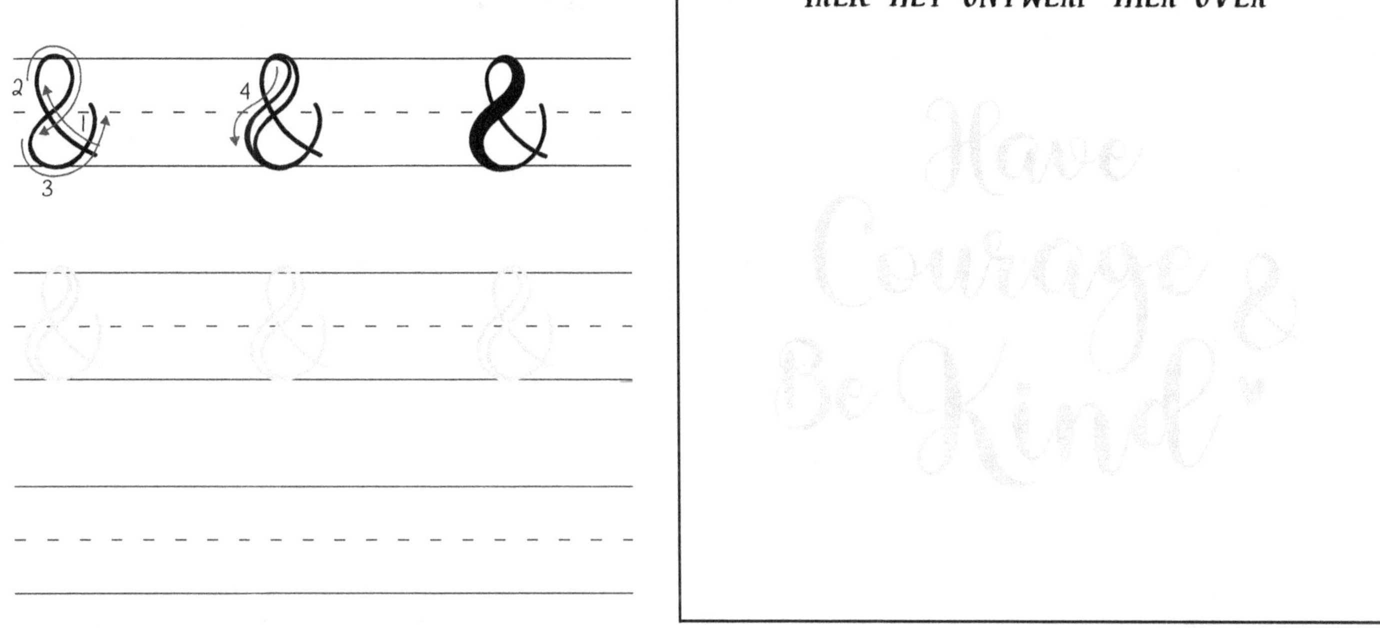

Trek het ontwerp hier over

Oefen hier nog eens!

Dag 7: Geluk begint thuis

Het citaat van vandaag is grotendeels gedaan in penseels-
chrift met een klein beetje getekend in sans serif. Een precies
tekenmateriaal zou handig zijn voor de banner die ter versiering
dient! Let op de variatie van de letters in "Happiness Is Home-
made".

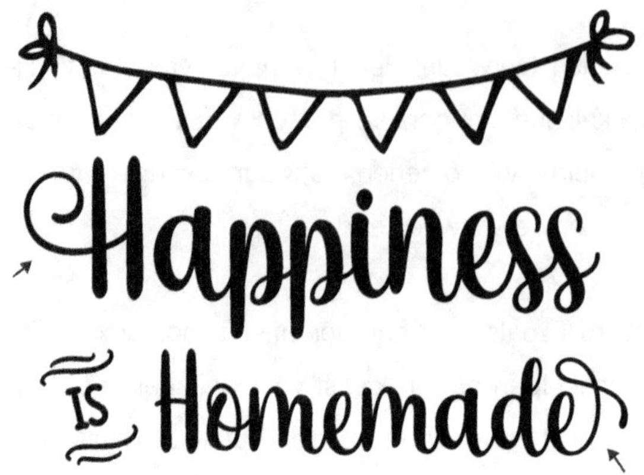

Let bij de variatie op waar de
pijlen naartoe wijzen!

Trek het ontwerp hier over

Oefen hier nog eens!

Dag 8: Sterren kunnen niet stralen als het niet donker is

Vandaag ga je letteren in serif en ofwel faux kalligrafie of penseelletteren - de keuze is aan jou. Gebruik pennen of stiften voor de serif letters en faux kalligrafie en een penseelpen of kwast als je wilt brushen. Dit ontwerp kost wat meer tijd, maar het is de moeite waard! Neem je tijd en geniet van het proces.

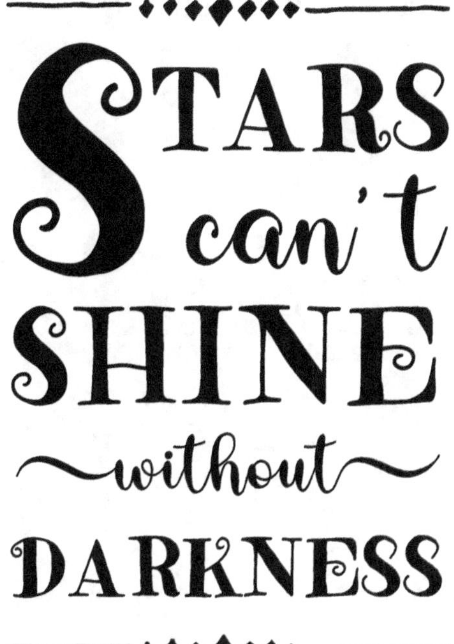

Oefen hier nog eens!

Trek het ontwerp hier over

Dag 9: Geniet van de kleine dingen

Je bent bij het laatste stuk van de uitdaging! Dit ontwerp is grotendeels uitgevoerd in faux kalligrafie of penseelletters, met een klein woord in sans serif. Kies welke stijl je wilt en gebruik het juiste materiaal. Dit ontwerp is versierd met krullen en bladeren, maar gebruik gerust wat je maar wilt om het op te leuken!

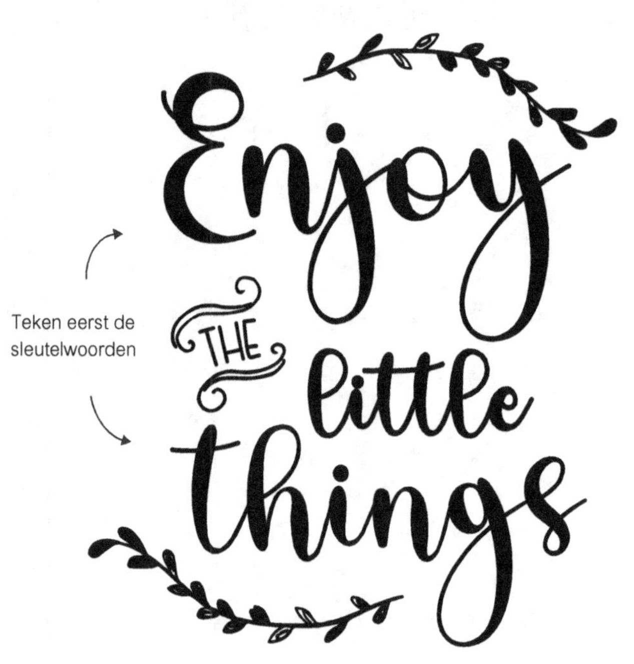

Teken eerst de sleutelwoorden

Oefen hier nog eens!

Trek het ontwerp hier over

Dag 10: Voel je ziel

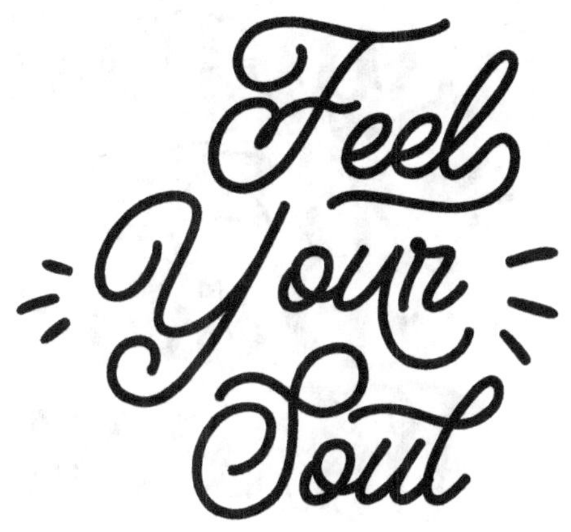

Monoline is de stijl van de dag! Gebruik een pen of een stift die strakke lijnen maakt. Het citaat van vandaag is vrij eenvoudig, maar let op de moeilijkere variaties van de letters Feel Your Soul.

Dag 11: Lachen is het beste medicijn

Het citaat van vandaag combineert sans serif en penseelletters. Gebruik het juiste materiaal voor beide. Haast je niet door dit ontwerp; het heeft veel onderdelen! Let op de banner, de bloemetjes en de lettervariaties in Laughter is the Best Therapy.

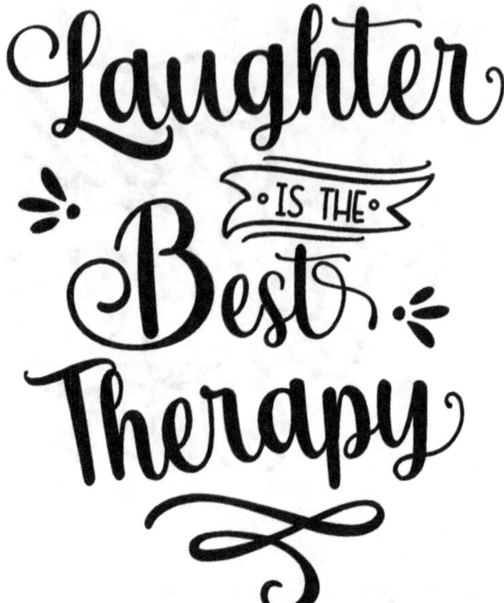

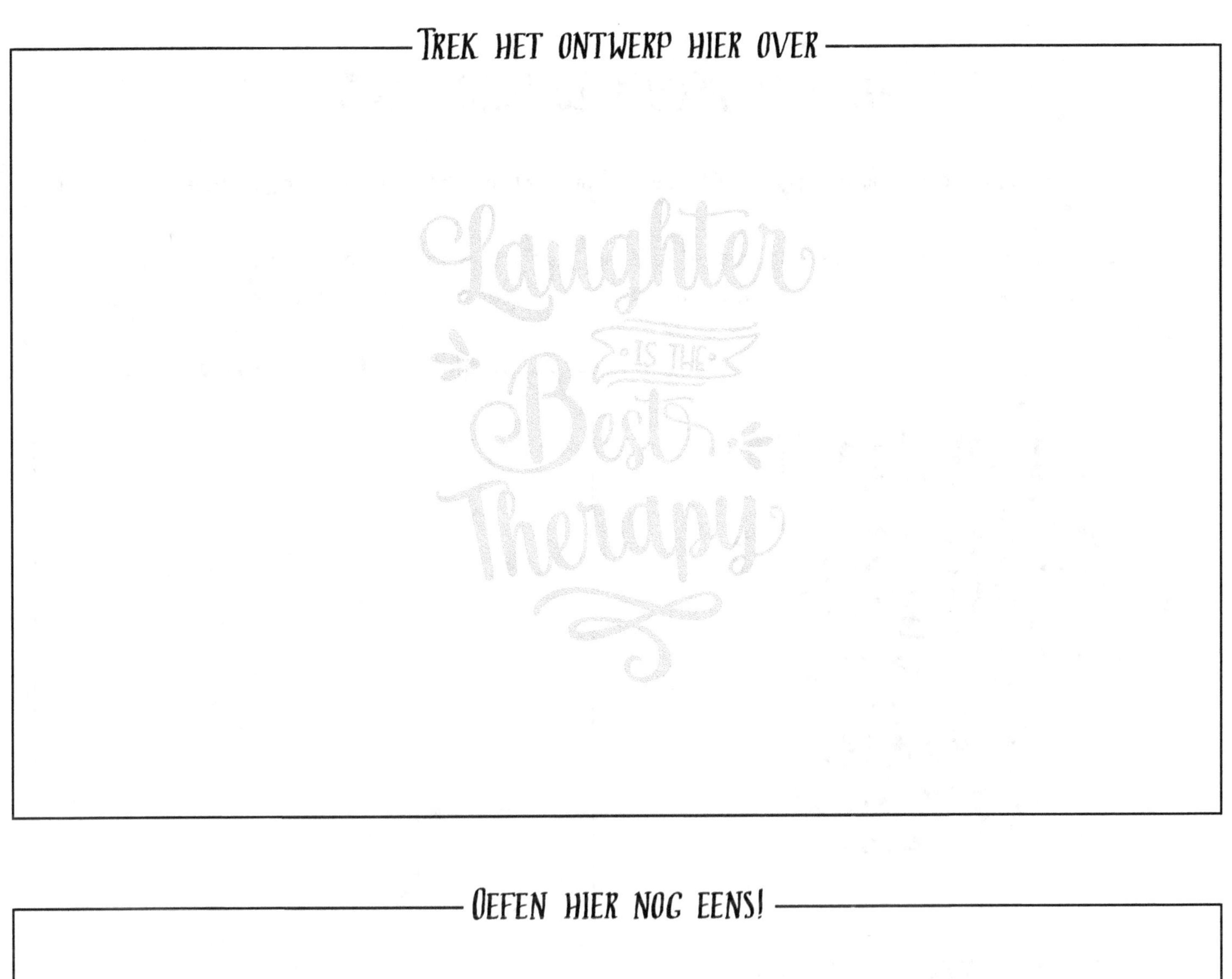

Dag 12: Droom zonder angst

Gefeliciteerd, je hebt de laatste dag gehaald! Nog één citaat en je bent goed op weg om je eigen ontwerpen te maken.

De stijlen voor dit ontwerp zijn penseelletteren en sans serif. Voor dit ontwerp is het gemakkelijker om de decoratieve lijnen rond het woord "without" te tekenen en de rest eromheen toe te voegen. Voeg als laatste de versieringen toe die je wilt!

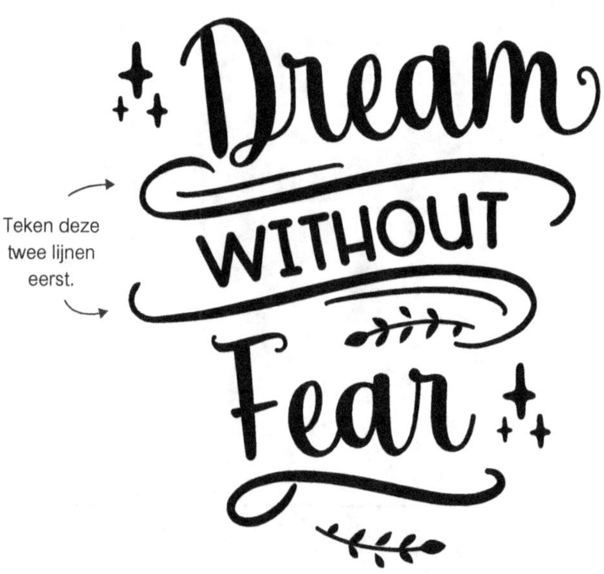

Teken deze twee lijnen eerst.

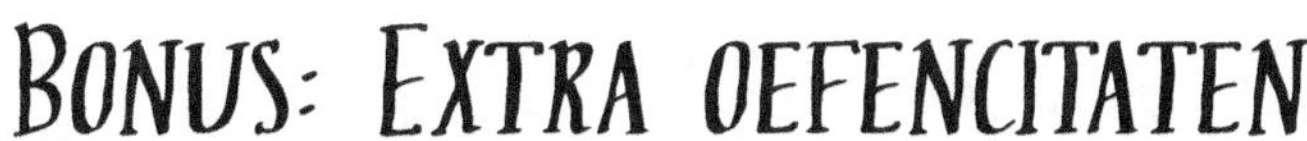

Gefeliciteerd dat je zo ver bent gekomen in je beletteringsreis! Met wat extra oefening ben je goed op weg om een letterprofessional te worden. Hier zijn nog enkele citaten om te proberen in je oefentijd!

Inspirerend/Motiverend

Na elke storm is er een regenboog.

Het leven is een strand, geniet van de golven.

Ik zie de magie in jou.

Goede dingen hebben tijd nodig.

Een beetje zonneschijn sturen.

Het leven is hard, maar jij ook.

Wees de reden dat iemand vandaag lacht.

Gooi vriendelijkheid rond als confetti.

Geef jezelf toestemming om te rusten.

Hou de liefde in je hart.

Je bent tot verbazingwekkende dingen in staat.

Vriendschap

Vrienden tonen hun liefde in tijden van problemen, niet van geluk.

Een vriend is wat het hart altijd nodig heeft.

Echte vrienden zijn altijd samen in de geest.

Een vriend heeft altijd lief.

Beste vrienden tot het einde.

Het maakt niet uit waar en wanneer, ik zal er altijd zijn.

Verjaardag

Moge je dag net zo mooi zijn als jij.

Op nog een jaar van jou.

Vandaag is mijn favoriete dag van het jaar.

Grappig

Altijd te laat, maar het wachten waard.

Geef me koffie en niemand raakt gewond.

Vrienden kopen je eten. Beste vrienden eten je eten.

Slechte ideeën maken de beste verhalen.

Maak me wakker als er koffie is.

Slapen is mijn cardio.

Was pizza maar een gezonde voeding.

Bruiloft

Wees onze gast.

En zo begint ons avontuur.

Geboren om van hem/haar te houden.

Jij was het altijd.

We besloten voor altijd.

Voor altijd en eeuwig.

Kerstmis

Liefde zal ons warm houden.

Kerstman, stop hier alsjeblieft.

Vreugde aan de wereld.

Alles wat we nodig hebben is liefde en kerstgeest.

Laat het sneeuwen.

Geen grinches toegestaan.

Je kunt nooit te veel kerstkoekjes hebben.